DEMMLER VERLAG

Saskia Thomas

HIDDENSEE

Na fabelhaft!

Über Fotolust und Lebenskunst
der Inselfotografin Ilse Ebel

DEMMLER VERLAG

Fotos: Siehe Fotonachweis, Seite 188

Dieses Buch ist vormals beim Ingo-KochVerlag in Rostock
in einer 1. Auflage erschienen.

Die nunmehr vorliegende zweite Auflage ist eine gestalterisch geringfügig veränderte und textlich unveränderte 1. Auflage beim Demmler Verlag, Schwerin.

Bahnhofstraße 36
19057 Schwerin

Tel./ Fax:+49 03 85 / 4844979
kontakt@demmlerverlag.de
www.demmlerverlag.de

Geringfügig veränderter Satz & Layout sowie veränderte Umschlaggestaltung: Matthias Krempien, Grafikdesigner (HBFS)

Druck: Druckerei zu Altenburg GmbH

ISBN 3-910150-70-5

Inhalt Seite

Halt mal Tritt, Mathilde!

Die Tür öffnet sich. Vor mir steht eine zarte, jedoch nicht zerbrechliche Frau, von der ich weiß, dass sie fast 90 Jahre schon lebt. Ihr Gesicht ist überraschend fein, fast faltenlos. Interessant. Ihr Körper nicht gebeugt. Sie sieht mich mit großen hellen Augen an, die so blau sind, als kämen sie direkt vom Meer.
Sie hat ein kleines Gesicht mit Wangen, die wie in alten Kinderzeichnungen als halbe Rundungen ihren Mund berühren. Um ihren Kopf herum liegt hellgraues, fast weißes Haar. Pagenschnitt. Das kleidet sie sehr gut. Sie trägt Hosen und Stiefelchen mit einem kleinen Absatz. Darüber eine einfache saloppe Strickjacke, die mit einem Ledergürtel um ihre Taille gebunden ist. Flott. Eine Frau, die sich nicht von der Trägheit hat anstecken lassen.

Sie empfängt mich mit der Routine einer geübten Gastgeberin – sie lächelt freundlich, verbeugt sich leicht und nimmt mir die für sie viel zu schwere Jacke ab. Sie geleitet mich mit einer galanten Handbewegung durch den Korridor in ein Zimmer, aus dem mir die Wärme eines gut geheizten Ofens entgegenströmt. Im Zimmer beginnt sie eine charmante Plauderei. Sie ist es gewohnt, dass Leute zu ihr kommen. Dafür hat sie eine Haltung. Dafür hat sie auch Worte und Fotos. Ein ganz schmales Portfolio für den Überblick. Sie blättert mir die Bilder hin und kommentiert sie schnell und knapp. Ich sehe mir alles an.
»So. Haben sie jetzt genug gesehen?«
Nein.
Das bringt sie aus dem eingespielten Verhalten. Sie besinnt sich darauf, dass ich mit der Idee gekommen war ein Buch über die Fotografenmeisterin von Hiddensee zu schreiben. Ich bitte sie, mir Einblicke in ihr Leben zu gewähren. Sie ist gerührt. Sie weiß gar nicht, wie sie sitzen soll. Das kann sie nicht einfach so annehmen. Ilse Ebel ist bekannter, als ihr bewusst ist und beliebter, als sie es formulieren könnte.
»Ach was denn, ich bin doch keine Berühmtheit.«
Mehrmals noch bitte ich sie. Eindringlicher, gehe bis an die Grenze der Deutlichkeit: Ich will, dass von Ihnen etwas bleibt. Ihre Augen studieren mich. Sie will ergründen, ob es mit uns gut gehen könnte und ob ich den Blick habe. Auch ob da eine Liebe zu der Insel in mir ist. Ich erzähle ihr, dass ich als Kind oft hier war und ihr Name seit dem für mich wie selbstverständlich mit dieser Insel verbunden ist, dass ich immer neugierig und Abstand haltend vor dem roten

Holzhaus mit den ausgestellten Fotografien hin und her ging und beschreibe ihr, wo ich meist gewohnt habe. Denn das will sie wissen. Sie wundert sich, dass wir uns noch gar nicht kennengelernt haben. Ich sage ihr, dass es mir nie in den Sinn gekommen wäre, sie einfach so anzusprechen... Tach! Frau Ebel, ich will sie mal ansprechen... – sie amüsiert sich. Dann endlich nickt sie mir ein Einverständnis zu.
»Natürlich freut man sich... ein bisschen Anerkennung für die Arbeit... na, wolln mal sehen.«

Ilse Ebel bewohnt im Efeuhaus am Norderende in Vitte eine kleine Wohnung im Parterre. Sie lebt bescheiden, aber mit Stil. Da ist eine Küche, die aussieht, als stünde sie schon seit den vierziger Jahren so da – ein gekachelter Kohlebeistellherd, ein ziemlich unbenutzter alter Gasherd, eine Spüle aus Zeiten, als man noch das Wasser von der Pumpe holte, ein alter Küchenschrank. Sanddornelixier und Birkenelixier. Eine Veranda – vollgestopft mit Erinnerungsstücken, ein wunderschönes altes Möbelstück auf dem eine betagte Brockhaus-Enzyklopädie prangt – der Raum ist im Winter nicht bewohnbar, da viel zu kalt, selbst Ilse Ebel, obwohl sie ja ein bisschen ab-

Inselblick nach Kloster

gehärtet ist, wie sie sagt, weil sie hier schon lange lebt. Eine Art Wohn- und Arbeitszimmer mit Ofen, Vitrine, Schrank und Tischen – einen zum Reden, einen zum Arbeiten, einen zum Essen, einen für die vielen Bücher. Sessel und Lampen, die spärliches Licht schenken. Gemütlich und reich. Reich an Entdeckungen. Überall liegen Stapel von Post, die sie unbedingt beantworten muss. Umschläge mit Notizen, in denen sie speziell zusammengestellte Fotos aufbewahrt, Kisten und Kästchen voller Fotografien, Zeitschriften und Zeitungen. Eine Brille, die so groß ist, dass sie fast ihr halbes Gesicht bedeckt. An den Wänden viele Fotos von Menschen ihrer Familie und Freunden. Nicht von ihr fotografiert. Auch die Fotos der drei kleinen Hunde, die sie hier jeder ein Stück begleitet haben, haben ihren Platz. Die allerdings hat sie aufgenommen. Eine Tür führt von hier aus in ihre kleine Schlafkammer.
Nirgendwo an den Fenstern Stores.
Kein Bad. Außenklo.

Ilse Ebel ist nicht scheu oder argwöhnisch, auch ängstlich nicht. Sie ist absolut nicht verschlossen. Sie sagt, sie mag es, wenn nette Leute sie besuchen kommen – und so ist es. Das Telefon klingelt, Inselgäste teilen mit, wann sie ankommen werden und vereinbaren ein Treffen. Bekannte vom Festland klopfen an und erkundigen sich nach Ilse Ebels Befinden, schenken ihr Blumen, laden sie ein. Jedesmal bricht helle Freude aus, herrscht großes Interesse am Schicksal des Anderen. Auch sehr junge Menschen sind darunter. Offensichtlich hat sie keine Probleme damit, auch zu ihnen einen Faden zu spinnen.
Frauen, die alleine reisen und die, wie sie sagt, nette Personen sind, bietet sie an, bei ihr schlafen zu können. Auf einem Rollbett im Wohnzimmer. Sie demonstriert wie das geht:
»Die Sessel zur Seite, das Rollbett kommt dann hierher, gleich beim Ofen, das ist schön warm. Und morgens mach ich mich erst fertig, und dann komm ich hier rein und sage ... los aufstehn und dann husch rein der Nächste... und in der Küche hab ich sogar Warmwasser. Ich mach dann Frühstück. So. Das geht doch, oder?«
Ich bin kein Vermieter, betont sie stolz, als sie mir anbietet bei ihr zu übernachten.
»Also, wenn ihnen das, was ich habe, genügt? ... Ich nehm sie gerne auf, wenn sie keine großen Ansprüche stellen.«
Sie will kein Geld dafür haben. Es ist teuer geworden auf der Insel. Sie findet die Preisentwicklung übertrieben. Aber mit einem Mann, mit Anhänger, wie sie sagt – soll ich nicht kommen. Nicht über Nacht.

Dafür ist es ja zu eng, erklärt sie und windet sich ein wenig dabei, wie ein Hexlein, dem unwohl ist, weil man noch mehr dazu sagen müsste, aber nicht recht weiß, wie.
»Nein, ich hab nichts gegen Männer, ich kann sie nur nicht unterbringen.«

Ilse Ebel bekommt viel Post. Es lohnt sich für sie täglich im Briefkasten nachzuschauen. Und sie schaut jeden Tag nach, obwohl sie sich dafür jetzt warm anziehen muss (es ist März und der Frühling will nicht kommen), denn der Briefkasten an ihrer Haustür fiel den Sanierungsarbeiten der Hausbesitzer zum Opfer.
Viele Menschen bedanken sich bei ihr für ihre Gastfreundschaft, hoffen auf ein Wiedersehen, schicken ihr gute Gedanken und Einladungen, liebevoll zusammengestellte Fotomappen, gebundene Urlaubsberichte. Grüße von Menschen, die sie verehren. Karten von jungen Frauen sind dabei, die sie um einen Lebensrat bitten, oder ihr aus Begeisterung schreiben, weil sie Ilse Ebel in dem Film gesehen haben, der über sie gedreht wurde.
Oft sind Fotos in der Post, die Ilse Ebel zeigen, meist lachend. Ilse Ebel an der geöffneten Verandatür vor dem ganzen Efeu – anscheinend ein Lieblingsmotiv der Leute, Ilse Ebel mit Blumen, Ilse Ebel auf der Straße, Ilse Ebel im Gespräch, Ilse Ebel mit ihren Gästen... – ja, viele stellen sich mit ihr hin und lassen sich so aufnehmen. Sie nehmen sie in ihre Mitte und ihren Gesichtern ist anzusehen, dass sie die Frische dieser Frau genießen.
Von einigen nahen Menschen wird sie in den Briefen mit EBELCHEN angeredet. Darüber kann sie erfreut lachen. Andere schicken ihr ein Detail von der Insel oder überhaupt ein Motiv, das sie für besonders schön und gekonnt fotografiert halten und es ihr deshalb schenken wollen. Darüber freut sie sich sehr.
Es gibt auch Briefe, in denen sie um dieses oder jenes gebeten wird, zum Beispiel Kopien von dem Ilse-Ebel-Film zu organisieren oder Informationen über längst tote Inselberühmtheiten wie über die Insel überhaupt zusammenzustellen oder Fakten aus ihrem Leben aufzuschreiben. Einer schreibt, er sammle Informationen über die Fotografen des Nordens und selbstverständlich will er auch Fotos von ihr – zwei Seiten lang stellt er seine Fragen – über ihren Vater, über sie. Das verschreckt Ilse Ebel.
Sie nimmt sich tatsächlich vor zu antworten – aber die vielen Fragen, sie weiß doch nicht mehr alles. Und außerdem macht sich dieser Mensch anscheinend keine Vorstellung davon, wie viel man mit fast 90 Jahren zu tun hat!

Einer wollte ihr zeigen, welche ihrer Fotos er schon erworben hat, schickt ihr diese in Kopie und bittet sie um Ergänzung seiner Sammlung. Darüber ärgert sie sich. Sie kennt keinen Kopierer und hält die Bilder für so schlecht reproduziert, dass sie sie am liebsten an die Wand klatschen würde.
»Die schick ich ihm zurück!« sagt sie empört, »die will ich nicht haben. Das ist doch unter aller Kanon! Furchtbar! So ein schlechter Druck!«
In einem anderen Brief bittet eine Frau um sämtliche Fotos des Hexenhauses, zur Ergänzung ihrer Familiengeschichte. Sie stellt sich als Enkelin der Malerin Elisabeth Büttner vor, einem Mitglied des in den 20er Jahren gegründeten HIDDENSOER KÜNSTLERINNENBUNDES, die mit dem Hexenhaus sehr eng verbunden gewesen sein soll. Außerdem interessieren sie alle Fotos, die Ilse Ebel von ihrer Großmutter gemacht hat und von allen Menschen, die mit ihr Kontakt gehabt haben. Falls ihr Unkosten entstünden, soll sie die Quittungen der Sendung beilegen, sie würde sie ihr erstatten. Das macht Ilse Ebel fast traurig. Sie hat das Hexenhaus doch nicht ohn' Unterlass fotografiert und auch die Frau Büttner, nebst allen Menschen nicht. Dennoch ging sie los und kaufte die Postkarten von den alten Fotos, auf denen das Hexenhaus abgebildet ist und schickte sie ihr. Gar nichts tun, kann sie nicht. Schließlich geht es um eine Bitte. Und außerdem möchte sie ihrer Verantwortung als nun doch berühmt Gewordene auch nachkommen. Sie kommt überhaupt nicht auf die Idee, die Post unbeantwortet zu lassen oder dafür auch nur einen Cent oder überhaupt etwas zu verlangen. Denn so kann die Ilse Ebel nicht denken.

Während eines unserer Gespräche entdeckte sie ein Tagebuch von 1953, Fotos und die Geschichte einer Harzreise mit ihrer Mutter, in der sie den märchenhaften Zauber des Ortes und der Landschaft fotografierte und beschrieb. Mehr hat sie nicht aufgeschrieben. Briefe, Fotos, Urkunden und ihren Lebensfaden – so auf die Schnelle findet sie das alles nicht.
»Denn es ist ja so“, sagt sie »dass ich jetzt immer ein bisschen überlegen muss.«
Alle Einzelheiten hat sie nicht die vielen Jahrzehnte mit sich herumgetragen.
Die Briefe von Palucca aber findet sie sofort. Die Fotos von Palucca, die in ihrem Besitz sind, zeigt sie gern, wenn sie Gäste in ihrem Hause begrüßt. Man hat den Eindruck, dass diese eine Freundschaft das Wichtigste in ihrem Leben war. Wie sie diese Bilder vorzeigt und in ihrem Sessel verschwindet, während der Besuch sie betrach-

Blick von der Hucke in Richtung Süden

tet, lässt mich stutzen. Es geht um sie! hab ich ihr gesagt, um ihr Leben geht es in dem Buch. Aber darum ging es ihr in diesem Moment nicht. Sie war unterwegs – in einer anderen Zeit.

Ilse Ebel hat schon eine Weile nicht mehr fotografiert. Warum nicht? Sie zieht ihr Gesicht zusammen und die Schultern hoch.
»Ich weiß auch nicht. Hab es ein bisschen eingestellt... Aber vielleicht, wenn das Grüne wieder kommt... ich hab ja schon mal wieder geguckt und hier und da gedacht – na? – jetzt könnteste aber... das wär doch ein schönes Bild... Na ja, das steckt so drin, nicht?«
Glaubt sie nicht mehr an ihre Profession? Wollte sie sich ernsthaft zur Ruhe setzen? Hat sie deshalb ihre LEICA verschenkt? Gab es einen Tag in ihrem Leben, an dem sie das Interesse an der Insel verloren hatte? Gibt es diesen Punkt im Leben, an dem man weiß, dass es reicht, was man getan hat – dass man dem nichts Neues mehr hinzufügen kann?
Darf ich Sie begleiten, wenn es soweit ist?
»Ja. Gerne. Aber ich kann natürlich nicht genau sagen, heute mach ich das und morgen das... na, wolln mal sehen.«

Sie kann nicht stillsitzen. Während wir reden, ist sie immer in Bewegung, hat immer zu tun. Unter anderem mit ihrer wirklich umfangreichen Zettelwirtschaft. Adressen, Telefonnummern, Namen – mit Bemerkungen versehen. Die will dieses, der will jenes, Termine, Erinnerungen, Verabredungen...
»Da muss ich noch anrufen... Was ist denn das schon wieder?... Wer war das denn?... ach ja!... ach nee... ach so.«
Unmengen von Anschriften in zwei Adressbüchern und zwei Kalendern, eine kleine ordentliche Schrift. Sie versucht alles nach Anliegen und Wichtigkeit zu ordnen. Immer wieder.
Sie holt die angewärmten Tassen aus der Ofenröhre. Sie holt Kuchen. Sie überprüft, ob der Ofen noch warm genug ist. Immerzu sucht sie etwas. Vielleicht ihre Fotos. Wenn man bedenkt, dass Ilse Ebel sechs Jahrzehnte lang fotografiert hat, ist ihr relativ wenig geblieben. Ihre kommentierten Negativtaschen sind leer. Einzig ein Ordner mit hunderten unbeschrifteter Negative ist bei ihr noch zu finden. Die müssten eigentlich alle durchgesehen und archiviert werden – wer ist die Person, zu welcher Zeit war das... Aber das schafft Ilse Ebel nicht mehr alleine. Früher hatte sie alles im Kopf. Heute wird sie hin und wieder sehr nervös deswegen. Sie hat auch keine Postkarten von ihren Fotos auf Lager, die sie benutzen könnte, um den vielen Leuten, die ihr schreiben zu antworten. Sie kauft welche.

Von anderen Fotografen oder ihre eigenen.
Einige Momente gibt es, da setzt sie sich ganz gerade hin und ihr Arbeitsgesicht auf. Sie kneift ein wenig die Augen zusammen, legt den Kopf leicht schief, stützt das Kinn auf ihre zarte Faust.
»Haben sie noch eine Frage?«
Doch diese Ruhe währt nicht lange. Im nächsten Augenblick will sie es schon wieder genau wissen und genauer sagen...
»Wart mal, wart mal!... Halt mal Tritt, Mathilde!« ruft sie und sieht nach.
Wenn sie entdeckt hat, was sie suchte oder auch etwas anderes, dann kommt sie zurück an den Sessel und setzt sich auf die Lehne, sie huckt dann ganz dicht an meiner Schulter, lässt ein Bein lässig baumeln und zeigt oder erzählt. Ein Glück, dass ich ein Diktiergerät dabei habe und sie nichts dagegen hat, dass ich es benutze, statt gut sichtbare Notizen zu machen –
»Na, brauchen sie ja nicht, wenn sie so ein Ding haben...« – ich bin viel zu angenehm gefangen, als dass ich alles notieren könnte und außerdem ist sie zu schnell.
»Nehmen sie alles auf, was ich sage?«
Nein, nicht alles, versichere ich ihr, und dass wir dann alle Texte durchsprechen, wenn ich sie geschrieben habe. Auch hier wieder kein schlechter Gedanke weit und breit in ihrem Kopf, sie findet es nur eigenartig, dass alles so wichtig sein soll.

Schon bald während der Arbeit mit Ilse Ebel, ging eine Veränderung mit mir vor. Spitzer Humor, Sarkasmus, Bitternis – all dies war mir abhanden gekommen. Alles war wahr. Das Leben Staunen.
Sie brachte mich, einfach nur dadurch, dass sie ist, wie sie ist, in ein Gespinst aus Haltungen und Gefühlen, die ich schon für verloren hielt und an innere Dinge, über die es sich lohnt, nachzudenken. Sie brachte meine Gedanken in die Zeitläufe, in den Spielraum ihres Lebens.
Immer sehe ich sie vor mir. Ihr Gesicht, die Art, wie sie geht, sitzt oder steht, wie sie sich kleidet, wie sie lacht – oh ja! – wie sie lacht! Ich spüre ihren Arm, und wie sie sich bei mir eingehakt hat, als wir durch den Schneesturm gingen – ich hatte sie an meinem Arm! Eine lebhafte Frau, die kleine Schritte macht und beim Gehen schwingt. Schwingt, als wollte sie eigentlich springen. Ich glaube, in Ilse Ebel wohnt das Glück.

Von einer Überfahrt an die Ränder

Wenn man überfährt, kommen die Gedanken. Das geht nicht nur mir so. Die Menschen um mich herum, schauen versonnen aus dem Fenster des schaukelnden Schiffes in die Richtung, in welcher Hiddensee liegt. Der Frühling ist eisig. Jetzt reisen nur die hierher, die der Insel verfallen sind. Selten reden sie. Das graue Wasser klatscht gegen die Scheiben. Einer sieht traurig aus. Nein, eher mitgenommen. Dann lächelt er. Ich schätze, er trägt ein großes neues Gefühl in sich und weiß noch nicht damit umzugehen. Er wird sich auf Hiddensee finden – auf der Insel der Wahrheit, wie manche sie nennen. Wenn du erfahren willst, wie es um dich steht, fahr hierher. Hier tritt zu Tage, was bislang im Verborgenen lag.

Ich muss an die ältere Landfrau in Schaprode denken, bei der ich immer das Auto unterstelle. Wir stellen es beim Bauern unter... sagt man so. Der Bauer ist jetzt tot, sagt sie und ihr ginge es auch nicht gut. Sie muss wahrscheinlich wieder operiert werden. Irgendwas am Magen und am Darm, sagt sie. Davon geht ihr Gesicht kaputt. Leben

Weststurm

sie bloß ihr Leben, sagt sie. Genießen sie es. Unsere Generation konnte das nicht. Wir haben nur geackert. Und was haben wir nun davon? Mein Mann ist unter der Erde und ich auch bald!
Eine Sekunde lang durchzuckt mich der Gedanke, dass es sicherlich gerechter wäre, über das Leben dieser abgearbeiteten Landfrau zu schreiben. Gerechter? Wem gegenüber? Ich denke auch daran, wie sehr ich Ilse Ebel mit Hiddensee verbinde, sie aber kein Kind der Insel ist. Sie ist eine Zugezogene. Und wie es ist in den kleinen Orten, bleibt man das für immer. Auch wenn man schon länger dort lebt, als die meisten der Einheimischen.
Ilse Ebel hat die Insel 1924 im Alter von 12 Jahren zum ersten Mal betreten. Geboren wurde sie in Berlin, was irgendwie zu ihr passt und man ihrer Sprache manchmal anhört, obwohl die Familie sich in dieser Stadt nicht allzu lange aufhielt. Als die Ebels die Insel entdeckten, hatte ihr Vater, der Fotograf Max Ebel, in Neuruppin ein gut angesehenes Fotoatelier. Im Jahre 1924 war auf Hiddensee eine Geschäftsfiliale entstanden, die drei Sommermonate im Jahr betrieben wurde. Vier Jahre später wurde das Fotohaus in Vitte gebaut. 1938 brachte ein Schiff alles Hab und Gut der Familie hier her.
Ilse Ebel hat Hiddensee, bis auf ihre gelegentlichen Winterausflüge in die Städte ihrer Freunde und Bekannten, nicht mehr verlassen. Kein Ausland besucht, keine andere Insel. Einmal hier angekommen, wollte sie nie mehr fort. Das gibt es: Einen Ort betreten und wissen, das ist mein Zuhause. Hier werde ich mein Leben finden. Hier werde ich glücklich. Und um was sonst sollte es bei all dem, was uns gemeinhin umtreibt, gehen?

Seit über 60 Jahren lebt sie nun schon hier. Auf einer Insel, die ihre eigene Zeit, ihre eigenen Abläufe, ihre eigene Ruhe hat – was man sehr deutlich wahrnimmt, wenn sie ihren verträumten Winterschlaf hält und sich dem touristischen Service so gut wie vollständig verweigert, und es mitunter geschieht, dass man sie nicht erreicht oder nur auf abenteuerlichen Wegen wieder verlassen kann.
Doch auch Hiddensee bleibt vom Weltengang nicht ganz unberührt und muss deswegen immer wieder mal einen Schritt von nicht genau bestimmbarer Größe aus seiner Eigenzeit heraustreten und das möglichst ohne zu seinen Eigenheiten in zerstörerische Widersprüche zu geraten. Eine große Herausforderung, die an das kleine Eiland gestellt ist, seit sein Ruhm in die Welt drang.
Der Süden und der Norden, und innerhalb des Südens und Nordens die Vereinigungen zu denen sich die Menschen so zusammentun und die Menschen innerhalb und außerhalb der Vereinigungen haben

unterschiedliche Auffassungen zur Entwicklung der Insel, zu dem, was ihr zuträglich ist und was nicht.
Für viele Inselliebhaber – unerheblich, ob auf der Insel oder sonst wo geboren – wird Hiddensee immer Hiddensee bleiben. Ein Ort, ohne den man nicht leben kann. Aber sie sind es auch, die das unablässige Schwinden der Ursprünglichkeit der Insel zunehmend skeptisch beobachten und kommentieren.
Haben sie die neuen Inselhäuser am Süderende schon gesehen? fragte ich Frau Ebel.
»Ja, hab ich. Bin ja schon ein paar Tage hier. Es sind ja keine schlechten Häuser, aber ich finde, sie passen nicht zu unserer Insel...«
Die Inselliebhaberin Ilse Ebel betrachtet vieles von dem Blickwinkel her, ob es im Einklang mit der Natur geschieht. Sie freut sich über jedes neue Haus, das im Stil der Insel gebaut ist – oder wenigstens ein Rohrdach hat.
»Wissen sie, schon als wir hierher kamen, wurde darüber geredet. Die Häuser sollten in hiesiger Bauweise gebaut werden zu der Landschaft passen und nicht umgekehrt! Und heute reden sie immer noch und jeder baut wie er will und sie sehen ja wie viele Häuser es geworden sind.«
Wenn das so weiter geht, wird die Insel das nicht verkraften. Darin sind wir uns einig. Der Platz zwischen den Häusern, der Abstand zur Düne, den die alten Bauherren lassen mussten oder freiwillig ließen, reicht jetzt, um ein neues, größeres, höheres Haus hinein zusetzen.
»Na ist das nicht fabelhaft? Alle gucken auf Wände!« sagt Ilse Ebel dazu.

Ich erinnere mich an Sommer meiner Kindheit auf Hiddensee. Ich genoss es, nackt und faul in der Sonne zu liegen und die Steine zu betrachten. Die Nacktheit war hier kein kreischender Auswurf der Prüderie. Sie hatte eine dem einfachen Behagen folgende Tradition und die Menschen wussten damit umzugehen – die Nackten, wie auch die, die sich lieber bekleideten.
Eine meiner wichtigsten Beschäftigungen war, den Sand durch meine Finger rieseln zu lassen. Oft habe ich stundenlang Bilder in den Sand gemalt, Zeichen, die mir die Insel eingab – die in der späten Sonne etwas Geheimnisvolles bekamen und am nächsten Morgen immer verschwunden waren. Der Sand. Ungefährlicher Sand. Keine Kippen, keine Hundekacke, keine Scherben. Und wenn doch mal etwas derartiges auftauchte, wurde es sofort in eine Tüte gesteckt und beim Verlassen des Strandes im nächsten Abfallkorb versenkt.

Das Wasser. Nicht wie zu Hause, wo mich, die ich angeekelt war vom modrigen Untergrund, von Blutegeln und sonstigem Getier, von halbverrotteten Pflanzen, Scherben und Muscheln, die mir die Füße aufschnitten und weil ich nichts sehen konnte in der Brühe, niemand mehr ins Wasser bekam.
Meine Frau Mama. Sie war hier ein anderer Mensch. In diesen Sommern kam ich gut mit ihr klar. Sie war und ist eine große Hiddenseeliebhaberin. Sie sorgte für unser Hiddensee-Gefühl. Sie vermittelte mir, dass dies der wunderbarste Ort sei. Es gab so etwas wie eine Hiddensee-Etikette und den Hiddensee-Look und Dinge, die nur für die Aufenthalte auf der Insel angeschafft und auf ihr benutzt wurden. Und Hiddensee-Typen. Menschen mit mehr oder weniger verwitterten auffällig klaren Gesichtern – einfache Haarschnitte, viel Wolle, viel Leinen, Schuhe aus gutem Leder oder einfachem Stoff – ohne jeden Mode-Bad-Touch, mit Augen, durch die das Ungewöhnliche hindurch schimmert. Niemand kam den anderen hier zu nahe.
Das Haus am Süderende, in dem wir diese Sommer verbracht haben, stand allein, umringt von Sanddornbüschen und Kiefern. Kein Zaun. Eine kleine alte Holzpforte kennzeichnete den Eingang zum Garten. Daneben ein paar Holzpfähle, an denen ein altes dickes Tau hing – so den Grund um das Haus absteckend. Davor Gummiwiesen. Morastig. Hier können sie nicht bauen, haben wir immer gesagt. Aber auch dieses Land hat irgend jemandem gehört und irgend jemand hat es gekauft.
Inzwischen ist alles zugebaut. Der Durchgang zum Strand ist jetzt ein Privatweg – Betreten verboten, man muss sich an-

Die Hucke in den 50er Jahren

scheinend schützen. Das kleine Haus kaum noch zu sehen. Die Büsche abgestorben. Es gibt wahrscheinlich immer eine Möglichkeit jeden Boden zu Bauland zu machen. Ist das nun der Fortschritt? würde Ilse Ebel fragen, wenn sie jetzt hier wäre.

Über mehr als ein Jahrhundert hinweg haben die von der Insel verzauberten Menschen Erklärungen für den Reiz der Insel gesucht, dem sie in tiefer, schwärmerischer Empfindung verfallen waren und für das, was ihr Wesen ganz ergriff, sobald sie die Insel betraten. Und sie wollten sich Hiddensee als Kleinod, als Zuflucht, als Kraftort erhalten und waren von daher in gleichem Maße über die Auswüchse der neuen Zeit – wie die verwirrenden Zeichen einer anbrechenden Zeit wohl immer genannt werden – mit ihrem Massentourismus und ihrem Lärm besorgt. Die Texte von vor rund 100 Jahren unterscheiden sich da nicht wesentlich von den Texten neueren Datums.
Die Insel indes lockt viele Menschen an.
Zugkräftige Slogans versprechen meditative Ruhe, die Abwesenheit von Autos, ursprüngliche Natur und kulturellen Reichtum. Die Erinnerung an die berühmten Inselgäste tut ihr übriges. Und viele kommen.
Die Einen, um eine große Sehnsucht zu stillen. Sehnsucht nach etwas Heilem. Nach etwas Überschaubarem. Nach Ruhe. Nach einem außergewöhnlichen Ort. Nach Inspiration, für welches Vorhaben auch immer. Und natürlich durchaus auch nach einem Ort, an dem nicht alle sind.
Die Anderen versuchen in Scharen und in wenigen Stunden den Hauch der guten alten Zeit und ihrer Exklusivität zu erhaschen, wollen die Häuser, die einst von kreativem Geist belebt waren, sehen, wollen den Ort der unbeschwerten Freiheit spüren, der so viele Individualisten anlockte und deren Werk beeinflusste.
Die Insel indes liegt offen und verletzlich da.
Mit ihrer Eigentümlichkeit, die ihr einziges Eigentum ist. Ilse Ebel hat sie auf ihre Art festgehalten.

Ankommen. Immer wieder diese Freude über die kleinen Handwagen, die am Hafen geparkt sind. Immer wieder diese Illusion: vielleicht zögert hier doch die Zeit? Ein paar Schritte und man hört nur noch den Wind und das Meer. Kein Autolärm. Nirgendwo diese grässlich verzogenen Werbeplakatgesichter. Keine Obdachlosen. Noch immer schließt man hier die Fahrräder nicht ernstlich an – der Kreisschluss der Insel bringt schließlich alles zurück. Irgendwann.

Folgende vier Aufnahmen entstanden in den 40er Jahren:

Blick vom Hafen Vitte

Neuendorf

Dünenheide

Stürmische Ostsee

Ich werfe in meinem Unterschlupf nur schnell meine Sachen ab und eile trotz der dichten Wolkendecke zum Strand. Hier weiß man ja nie. Vom Hochland her sind die fröhlichen Abendgesänge der Vögel zu hören. Ich weiß nicht, wie die Sänger heißen. Ich weiß nur, dass sie hier wohnen dürfen, einen geschützten Ort haben. Und das ist beruhigend.
Und da! die Wolken trennen sich noch einmal von der schon über mir kauernden Nacht und öffnen der Sonne einen Spalt. Ich sehe einen dicken rotglühenden Sonnentropfen durch die Wolkenschicht rutschen. Ja!... das man hier einfach so ja! rufen kann... – Ja! Der Feuerball tut mir den Gefallen und sammelt sich noch einmal. Rund und rot präsentiert er sich ganz dicht über dem Meer. Auf wie viele Arten hab ich hier schon den Abschied der Sonne gesehen. So leuchtend, so überraschend, in Farben, von denen ich nicht einmal wusste, dass es sie gibt. Ilse Ebel hat mehrere dieser Schauspiele fotografiert.
»Ist das nicht fabelhaft?« sagte sie mit gedämpfter Stimme an einem Abend auf dem Dünenweg, »jeder Sonnenuntergang ist anders hier. Immer verschieden. Wir können das ja jeden Tag herrlich beobach-

Neuendorf auf Hiddensee. Einem Bild von Elisabeth Büchsel aus dem Jahre 1918 nachempfunden.

ten. Weil wir hier die Weite haben. Wir hier auf der Insel haben es da ja besser, als die Menschen in der Stadt.«
Ich spüre ihre Insellebenslust. Sie ist eine, die immer wieder verführt wird. Ilse Ebel hat es sich bewahrt, dieses besondere Gefühl für Hiddensee, das zumeist nur die Menschen haben, die wieder abfahren müssen. Sie weiß um die Außergewöhnlichkeit ihres Ortes und dass es ein großes Glück ist, hier leben zu dürfen. Sie genießt ihre Insel, die ihr nicht zu klein ist und nicht zu groß, jeden Tag leidenschaftlich neu.

Und dann weiß ich wieder genau, weshalb ich über das Leben der Ilse Ebel schreibe und nicht über das der Landfrau von Schaprode (so aufschlussreich die Beschreibung ihres harten und entbehrungsreichen Lebens, das ja eben nicht vor 200 Jahren oder im finster genannten Mittelalter stattfindet, auch sein würde): mich zieht Ilse Ebels Lebensentwurf an – ihr unangepasstes, eigensinniges Leben, das mit dieser einzigartigen Insel verschmolz. Mich zieht es zu ihrer Lebenslust.
Die Sache ist eigentlich ganz einfach – ungewöhnliche Menschen machen die Welt interessanter. Ilse Ebel ist die hellrote Mohnblüte in mitten des Meeres von rotem Mohn; die dem Ganzen ein Bild gibt, dem Bild die Spannung.
Kurz färbt sich das Meer. Wie durch die Berührung mit der Sonne in leichte Erregung geraten. Dann nimmt es wieder die Farbe des Him-

Abbildung einer Stranddiestel, Aufnahme von 1931

mels an und ich bin in der unendlichen Weite. Man sieht, dass die Erde rund ist und man sieht, wie das Wasser auf der runden Erde liegt. Ein seltener Anblick. Das ist ganz einfaches Glück.
Seit ein paar Jahren komme auch ich wieder hierher, um tief durchzuatmen und die Gesänge einzufangen, die mir das Meer schenkt. Um eine Haut abzuschlagen. In guten Abständen sitzen und stehen um mich herum stille Menschen. Jeder weiß, wer jetzt noch hier ist, wird ein paar Tage bleiben, um diese Momente genussvoller Einsamkeit zu erleben.
Und später werden wir wieder ein bisschen verwilderter in unsere Wohnorte zurückkehren – das Haar wirrer, die Schminke weg, die Tünche überhaupt arg lädiert, wie auch der Nihilismus, dessen verräterische Zeichen in den Mundwinkeln hocken. Die Augen klarer. Jeder, der sich auf die Insel einlässt, kann wieder für eine Weile unterscheiden zwischen wichtig und unwichtig. Man gerät an die Ränder. An den Rand der Möglichkeiten, an den Rand der Vernunft, an den Rand des Erträglichen auch, an den Rand des Bodens, auf dem unsere Füße umhergehen, an den Rand des Eingespielten. Nirgendwo in Deutschland hab ich einen Ort gefunden, an dem einander begegnende Menschen so friedlich lächeln wie hier.

Rechte Seite: Ein in sich ruhender Fischer

Momentaufnahme

Ilse Ebel steht auf der Straße und winkt. Ihr Gesicht ist freundlich, aber nicht bereit glücklich zu lachen. Sie geht in Richtung ihres Hauses. Stockt. Geht weiter, winkt. Sie trägt einen leichten Mantel, so dass ich friere, wenn ich sie ansehe. Es ist April und es ist immer noch kalt.
»Sie können nicht abfahren. Schreiben sie ein Telegramm: kann nicht kommen, stop...«
Wir lachten beide ein wenig unbeholfen, als sie das sagte. Jetzt sitze ich halb auf meinem Fahrrad und sie steht daneben. Sie hat die Hände tief, bis zu den Ellenbogen, in den Taschen ihres Mantels vergraben. Sie weiß, dass ich den Rest des Tages bis zu meiner Abfahrt irgendwo auf der Insel verbringen werde, ihre Contenance jedoch verbietet ihr, mich um mehr von meiner Zeit zu bitten.
Außerdem verwehre ich ihr ein Ritual – die Menschen, denen man sagen möchte: komm wieder – du bist gern gesehen, bringt man hier zum Schiff und holt sie von dort ab – aber das weiß ich zu diesem Zeitpunkt noch nicht. Ich verabschiede mich von ihr. In ihren Augen sitzt ein Wunsch. Ich fahre los. Ich drehe mich noch einmal um. Sie steht auf der Straße, ist vom Wind verbogen und winkt. Darüber ein riesiger grauer Himmel. Ohne die Ebelschen Wolken.
In mir bleibt das Bild einer einsamen, sehnsuchtsvollen Frau. Die vielen Telefonate? Die ganze Post? Die Besucher? Wie passt das zueinander?

Voulez-vous promener...

Aber an einem Tag im April war es dann doch so weit: Die Insel feierte ihr Erwachen. In meiner kleinen Dachstube im WIESENECK in Kloster hatte sich alles mit Sonne vollgesogen.
Ich bin für den Nachmittag mit Frau Ebel verabredet, Frau Ebel, so rede ich sie an. Sie findet Fräulein Ebel, wie sie oft und seit je her auf der Insel angesprochen wird, nicht gut.
»Was soll das denn – man sagt doch auch nicht zu unverheirateten Männern Herrlein! Die wolln doch alle so fortschrittlich sein – das müssten sie doch langsam mal mitgekriegt haben.«
Ich gehe von Kloster nach Vitte. Mein Körper ist leicht und bewegt sich wie von selbst. Ich gehe vorbei an den saftig grünen Salzwiesen auf der Boddenseite, die sich anscheinend schon lange heimlich auf diesen Auftritt vorbereitet haben, vorbei an Rehen, Möwen und Wildgänsen, die sich von mir beim ersten Sonnenbad nicht stören lassen, vorbei an den eingebildeten Katzen, die sich nicht locken lassen.

Alles genießt die Sonne, zwitschert und balzt – die Knospen der Hagebutten brechen auf. Ich könnte schwören, dass ich das Knacken, das Recken der Äste höre.

Wie geht es Ihnen?
»Och, ja, danke – gut.« Sie nickt leicht mit dem Kopf.
»Ich kann nicht klagen.«
Und doch geht sie unruhig in ihrer Stube hin und her.
»Wollen wir heute mal nach Kloster gehen?« fragt sie.
Also gehen wir nach Kloster. Und so ist es immer. Ilse Ebel durchschreitet die Insel und ich bin die, die sie begleitet.
Auf dem Weg erzählt sie mir, wer in welchem Haus wohnt, zeigt mir das Naturparkhaus, das Haus des Architekten Eckart Muthesius und das von Otto Gebühr – dem ewigen Fridericus Rex, mit dem sich ihr Vater gut verstanden hat und ab und zu einen trinken war. Das Inselmuseum. Ich erlebe wie sie spielerisch um den Eintritt feilscht, den sie hier wie auch anderswo auf der Insel nicht bezahlen muss. Sie zeigt mir das GERHART-HAUPTMANN-HAUS von dem sie viele Aufnahmen gemacht hat.
»Tja« sagt sie da, »ein großes Haus. Viele schreiben anders, als sie leben... Und so beliebt war der hier nicht, bei den Hiesigen... er war sehr... entfernt. Aber das muss man vielleicht auch verstehen, er wollte ja seine Abgeschiedenheit haben.«
Sie will mal in die Inselbuchhandlung schauen – wir kommen nicht rein, um diese Jahreszeit schließt hier alles am frühen Nachmittag.

Sie hatte sich also vorgenommen, mir ihre Insel zu zeigen. Ich erfuhr, wo sie mal oder öfter eingeladen war, wen sie fotografiert hat, für wen sie Reproduktionen von Kunstwerken gemacht hat. Am Süderende zeigt sie mir das Haus der Familie Gaù. Hier lebte und arbeitete Elisabeth Büchsel einst. Sie erklärt mir, dass sie die Büchsel wegen ihrer Malerei sehr verehrte, vor allem wegen der Farben und weil sie das Insellicht einfangen konnte und weil sie vermochte, aus dem Alltäglichen auf Hiddensee das Wunderbare hervor zu locken.
»Die Büchsel war die Beste. Das war die! Malerin der Insel. Was die für tolle Typen gemalt hat. Dieser Ausdruck! Das ist doch bestimmt sehr schwer. Die hat richtig den Charakter gemalt. Wie die das konnte, die Büchsel – fabelhaft!«
Ilse Ebel hat sie fotografiert und Repros ihrer Arbeiten gemacht.
Auch von den Arbeiten Käthe Loewenthals.
Sie zeigt mir das Hexenhaus und das alte Muthesius-Haus, in dem sich später der Grafiker Werner Klemke wohl fühlte. Sie erzählt von

Muma, wie Anna – eine ungarische Sängerin, die Frau von Hermann Muthesius, dem Mitbegründer des Deutschen Werkbundes, genannt wurde. Und von ihrem 80. Geburtstag. Wie sie am Flügel saß und allen Gästen noch einmal vorsang. Wie Muma zu ihr kam und um ein Portrait von sich bat, das der 1944 von Siegward Sprotte angefertigten Zeichnung sehr ähnelt. Ilse Ebel hat noch einen Text von ihr, sie hatte aufgeschrieben, was sie an Hauptmanns Begräbnis bemerkenswert fand.

Muma Muthesius

Auch Henni Lehmann, eine kunstbegeisterte Frau, selbst vielseitige Künstlerin und sozial engagiert, Initiatorin des ›Hiddensoer Künstlerinnenbundes‹, hat sie gekannt, deren Malweiber-Treiben von Gerhart Hauptmann mit Missbilligung belegt wurde.
Wir sind an der BLAUEN SCHEUNE. Natürlich kannte sie auch den Maler Günter Fink. Auch für ihn hat sie Reproduktionen gemacht, die er dann irgendwann mit einem seiner Bilder bezahlte. Sie durfte sich eins aussuchen. Und welches nahm sie? Das Meer vor Hiddensee.
Ich erzähle ihr, dass ich das Haus, in dem ich wohne, auch blau angestrichen habe und dass das in dem Dorf, in dem ich nach meiner Stadtflucht landete, für einigen unfeinen Gesprächsstoff gesorgt hat. Sie nickt.
»Ja, nichts ist so schwierig, wie das Zusammenleben der Menschen.« sagt sie ernst.
Am Haus von Asta Nielsen erzählt sie mir, dass sie deren Stimme so mochte.
»Ach Asta war überhaupt prima. Sie hatte so eine melodische, tiefe Stimme. Aber sie konnte ja nicht so gut deutsch – deswegen konnten sie ja keine Tonfilme mit ihr machen.«
Sie grüßt freundlich zu ihr hinüber. Noch heute spürt man die Zurückhaltung, mit der sie ihr begegnet sein muss.

Auf dem Weg wird sie alle zwei Minuten gegrüßt. Ilse Ebel dreht sich beim Gehen immer zu um.
»Kommt da Einer? Nee -hi, hi... Na, Spaß muss sein, sonst geht keiner mit mit der Leiche!...«
Wieder ein Gruß.
»Guten Tag, guten Tag – Hallo...!« sie grüßt immer freundlich zurück.
»Mensch – ich erkenne die manchmal gar nicht! Kinder, ich kann mir doch nicht alles merken. Na ja, ich hab ja nun hier viel gemacht, Haus bei Haus, daher bin ich bekannt. Und die sind alle groß geworden... Die werden alle älter...« Sie rüttelt unternehmungslustig an mir – »...außer ich.«
Wieder ein Gruß.
»Meine Nichte sagt immer, du bist bekannt wie ein bunter Hund. Na, da hamse sich ja auf was eingelassen... Sie gehen mit 'nem bunten Hund!«

Sie lacht und geht beschwingt. Und wie sie geht! Sie schaut in alle Richtungen. Und um auf die Seite schauen zu können, die ich ihr, weil ich neben ihr gehe, versperre, macht sie einen großen Ausfall-

schritt nach vorn und schaut an mir vorbei, dorthin, wo es vielleicht was zu entdecken gibt. Sie beobachtet das ganze Szenario der Natur. Immer wieder unterbrechen wir unseren Marsch, weil sie mich auf ein Bild aufmerksam macht.
»Wenn man hier so guckt, das ist immer wieder schön. Ich sehe das schon 60 Jahre und es ist immer wieder schön. Gucken sie mal! Da! Die Wolkenpracht. Mensch, das hat sich ja schön gemacht.«
Sie zeigt mir wie gut das Gelb des Ginsters zur Lineatur der Landschaft passt, wie alles betont wird, durch diese Tupfen, wie herrlich das Blau der Ochsenzunge und des Natternkopfes leuchtet, wie sich das dreifache Rot des krausen Ampfers in Streifen durch das Grün der Wiesen zieht...
»Die Wiesen sind nicht langweilig... das Grüne – überall ist es verschieden, da kann man nur staunen.«

Einmal machen wir eine Pause im WIESENECK. Ich zeige ihr die Gästezimmer, sie wollte wissen, wie die bei den jungen Wirtsleuten jetzt aussehen. Im Café wird sie respektvoll begrüßt. Sie setzt mir übermütig ihren Hut auf den Kopf und gibt mir ihren Mantel und den Kragen in die Hand. Ich übersehe den Impetus dieser Geste jovial.
Bevor wir bestellen, öffnet sie ihre kleine Tasche und holt einen kleinen goldenen Spiegel und einen Kamm hervor. Schnell kämmt sie sich das Haar um ihr Gesicht herum in Form. So.
Wir bestellen Café au lait und Kuchen.
»Ach? Sie sprechen französisch?«
Nun ja, sage ich, ein wenig.
Sie sprudelt los:
»Voulez-vous promener
mit mir inne Bomallee
Non Monsieur, das kann nicht être
kann sehr leicht peut-être
könn ma mal durch das fênetre
durchs grand du pignier
rin kieken inne Bomallee...«
Ein alter, inzwischen leicht löchrig gewordener Schulhofspruch mit ungelöstem Schluss. Französich lernen mit leicht Frivolem, das gleichzeitig gut ist als ein Fingerzeig an alle Mädchen. Wir lachen. Und dann kommt gleich der nächste:
»Chacun pour soi et Dieu pour tout. ...Haben Sie verstanden? Der Wahlspruch der Franzosen: ›...Jeder für sich und Gott für uns alle...‹ ganz schön egoistisch, nicht?«

Waren Sie schon mal in Frankreich?
»Nein.«
Ilse Ebel war in noch gar keinem Ausland. Außer einst in Tondern. Doch das zählt nicht. Tondern ist heute zwar dänisch, war damals aber deutsch.

An einem Morgen waren, bevor ich zu ihr ging, schon zwölf Autos gefahren.
Noch einmal.
An einem Morgen gehen wir von der Großstadt Vitte mal wieder nach Kloster, auf dem Ku'damm von Hiddensee, wie Ilse Ebel sagt. Menschen über Menschen, ein mit Tagesgästen vollbepacktes Pferdefuhrwerk nach dem anderen. Gleichklang der Hufe, fast forscher Trab. Manche haben es erstaunlich eilig.
Und dann so eine neue Sorte Radfahrer, die aggressiv klingelt, nicht die Geschwindigkeit drosselt und erwartet, dass man zur Seite springt.
Noch einmal.
An einem Morgen gehen wir auf dem Dünenweg, weil ich das Meer sehen will. Die Sonne meint es gut mit uns, wir setzen uns zum Plaudern auf eine Bank. Ilse Ebel erzählt von den Segelfahrten nach Schaprode, nach Wieck oder um die Insel herum und davon wie schön das aussah, als die braunen Segel am Strand lagen. Sie versteht gar nicht, wieso die Fischer das nicht mehr machen.
»Ihnen würde das doch auch Freude machen, nicht? Damals hätten Sie her kommen sollen, das hätte Ihnen gefallen.« Sie bufft mir schelmisch lächelnd in die Seite.
»Der Alte saß hinten und dann sagte er reeeeee! und wir sprangen rüber auf die andere Seite, denn das Boot ging ganz hoch... unten wären sie beinahe reingefallen... man darf dabei natürlich nicht ängstlich sein... Och, das war schön! Das würd ich heute noch machen.«
Sie schildert alles mit einem hellen, wachen und jungen Blick. Ihre Augen sind ganz groß und rund. Um ihren Kopf fliegt ihr weißes Haar.

Einmal im Sommer sitzen wir wieder dort, wieder meinetwegen – Ilse Ebel meidet den Strand, wenn er voller Menschen ist – und beobachten... die Menschen. Was sonst. Klar hat sie recht.
Wir sehen eine echte Zille-Familie. Die Frau ist rund und knuddelig, kleiner gestreifter knackiger Slip über einem Gesäß von unglaublichem Ausmaß, der Mann überall eher schwabbelig, mit sehr weiter schwarzer Hose bis zu den Knien und einem schwarzen Hut, dessen Krempe vorn hoch gebogen ist. Hinter sich ziehen die beiden einen Bollerwagen her, in dem alles, was man so zum Strand mitnimmt,

übereinander gestapelt ist – Kind, Eimerchen, Windschutz, Getränke. Herrlich.
Ein Vater geht versonnen mit seinem Sohn. ...Oh, da is ne Qualle Papa – gib mal 'n Stein...
Ich weiß nicht, ob sich das von allein regelt: es wimmelt hier von lautstarken Menschengruppen, die formiert den Strand abschreiten und diesen glücklichen Herrchen von riesigen Hunden, die permanent ihrem inniglichen Verhältnis zu ihren Tieren deutlich vernehmbar Ausdruck verleihen müssen – und wenn diese Viecher sich treffen, ist es hier wie in einer Kneipe im Friedrichshain. Ist der Friede von hier nun endgültig fortgezogen?
Was von den Menschen abfällt, liegt herum: Plasteflaschen, Papier, Kippen... Ilse Ebel übersieht das alles entschlossen. Als ich eine ärgerliche Bemerkung fallen lasse, sprudelt es aber doch prompt aus ihr heraus:
»Also da komm ich nicht mehr mit! Das ist doch keine Entwicklung, einfach alles liegen zu lassen.«
Überhaupt geht ihr die ganze Wegschmeißkultur gegen den Strich und dass viele Menschen heutzutage sogar im Ort halbnackt herum laufen, hat für sie genauso wenig mit Entwicklung zu tun.

Von den Leuten auf der Insel wird Ilse Ebel immer wieder angesprochen und zum Fotografieren gebeten. Darüber freut sie sich sehr. Der Bernsteinkönig der Insel, Herr Engels, barg einen gigantischen Holzfund aus dem Meer und stellte ihn vor seinem BERNSTEINSTÜBCHEN auf. Schmückt ihn mit Hühnergöttern in noch nie gesehener Größe. ...Na, Frau Ebel? fragt er stolz, wär das nicht ein Foto wert?
Frau Glass aus der Heide bittet sie um ein Portrait und darum ihre Emaillekunstwerke aufzunehmen. Für Karten. Da der Fotograf, der das übernommen hatte, nicht zu ihrer Zufriedenheit gearbeitet hat, unterstützt sie ihr Anliegen. Ilse Ebel sagt nicht zu, aber auch nicht ab. Niemand drängt sie.

Einen Rückweg nehmen wir über den Inselfriedhof. Wir stehen vor Paluccas Grab. Das erste Mal, dass Ilse Ebel einen Moment lang inne hält. Sie atmet tief durch.
»Ein einfacher Stein. Ganz einfach. Das wollte sie so. Passt zu ihr. Sie war ja auch immer nicht für so viel Aufwand...«
Palucca wollte die Einfriedung ihrer Grabstätte in der Art der Hiddenseegräber, eine Hommage an die Insel. Der Stein, das legte sie lange vor ihrem Tod eindeutig fest, sollte unbedingt ein Findling vom

Hochland sein, auf dem nur ›Palucca‹ geschrieben steht. Kein Gold, keine Daten, nicht der Name, mit dem sie geboren wurde. Grüße vom Strand – Ostseesteine, Wurzeln und Federn – liegen auf diesem Stein und machen ihn zart.
Haben Sie die Steine hierher gelegt?
»Nein. Das machen wohl die jungen Leute von der Schule. Hübsch, nicht?«
Ilse Ebels Eltern liegen auch hier. Aber wo? Sie muss sich orientieren. »Der Friedhof wird immer größer, so im Laufe der Jahre...« sagt sie entschuldigend.
Selbst wenn die Zeit hier zögern mag, stehen bleibt sie nicht.
Fast alle Menschen mit denen sie früher war, sind inzwischen tot. Und von den Jüngeren – die ja, selbst wenn sie 20 oder 30 Jahre jünger sind als sie, auch schon zu den Alten zählen – sind mit Gebrechen behaftet, kommen nicht mehr oder nur noch ganz selten auf die Insel, können Ilse Ebel nicht mehr als Wintergast aufnehmen. Aber wenn es geschieht, dass sie Menschen trifft aus längst vergangenen Tagen, dann hebt ein großes Kokettieren an – mit der Zahl der Lebensjahre.

Wir gehen an der BUHNE XI in Richtung Straße, die hier Norderende heißt, und kommen an Paluccas Haus vorbei. Ein Wächter steht davor. Ein Baumwesen. Seine zwei mächtigen hölzernen Arme warnend – Hilfe suchend? erhoben. Der Kopf ist leicht nach hinten gebeugt wie nach oder vor einem Schrei. Paluccas Haus steht leer. Das Dach ist kaputt. Der Putz blättert ab. Die Fensterläden hängen schief. Der alte Holzzaun wird es auch nicht mehr lange machen. Früher wurde er jedes Jahr von Frau Kreher, Paluccas Sekretärin, mit einem Schutzmittel gestrichen, damit er in seiner einfachen Schönheit erhalten bliebe. Regelmäßig wurden die Wände des Hauses geweißt.
»... Ach ja, Palucca, wenn du das alles sehen müsstest... du wärst ganz traurig...«
Sie erklärt mir, wie die Zimmer aufgeteilt waren.
»Ein Zimmer für die Sekretärin, eins für die Wirtschafterin und vorn das Westzimmer hatte Palucca. Dort hatte sie auch ihre Steinesammlung. Alles war ganz einfach eingerichtet, keinerlei Komfort.«
Ilse Ebel verwahrte auch nach Paluccas Tod noch den Schlüssel zum Haus. Lange hat sie gehofft, dass sie ihn an jemanden von der PALUCCA-SCHULE weitergeben kann. Palucca hatte die Idee, ihr Sommerhaus als Erholungs- und Studienort für Studierende ihrer Schule und anderer Künste zur Verfügung zu stellen. Junge kreative Menschen sollten hier einander begegnen. Zu diesem Zweck wollte

sie es ihrer Schule vererben. Aber an einem Tag im Jahre 1991 erfuhr sie von schrecklichem Vertrauensmissbrauch – jemand aus ihrem engsten Mitarbeiterumfeld hat für den Staatssicherheitsdienst gearbeitet und über sie berichtet. Auch dass sie für Dinge an der Schule, die dem neuzeitlichen Augenmaß ungenügend erschienen, als Sündenbock herhalten sollte, blieb ihr nicht erspart.
Palucca widerrief ihr Testament. Ein neues schrieb sie nicht mehr. Palucca war unglaublich enttäuscht, sagt Ilse Ebel, die im Sommer 92 – ihrem letzten gemeinsamen Sommer auf der Insel – auch diese Palucca fotografierte.
So wurde das Haus der Erbengemeinschaft überlassen, die sich dann auch nach und nach einfand, um sich zu streiten. Der Nachlassverwalter hat ein Jahr lang versucht, die Erben an einen Tisch zu bekommen und eine Einigung zu erzielen. Dann wurde das Haus zum Verkauf ausgeschrieben. Die Summe war für die PALUCCA-SCHULE unerschwinglich. Auch eine Unterschriftensammlung im Sommer 1997 und Vorbereitungen für eine Stiftungsgründung mit namhaften Personen und Institutionen änderten nichts an diesem Zustand. Bitten an die Landesregierungen von Sachsen und Mecklenburg-Vorpommern führten nur zu ernüchternden Aussagen – man sah sich nicht in der Lage, sich dieser Angelegenheit anzunehmen. Inzwischen ist das Haus verkauft. Im August war dem Wächter dann der Kopf abgefallen.

Ilse Ebel wird oft zu Ausstellungseröffnungen, Vorträgen und Konzerten eingeladen. Seit sie nicht mehr in die Theater, Opern, Museen und Schlösser der Städte fährt, ist die Insel ihr einziges kulturelles Refugium für das Entdecken von Neuem und den Austausch darüber geworden. Wenn ich bei ihr bin, gehen wir zusammen. Einmal sind wir zu Gast im NATURPARKHAUS, um uns den Foto- und Textvortrag von Rico Nestmann ›Natur im Sucher‹ anzuschauen. Ich erlebe, wie sie regelrecht aus dem Häuschen gerät angesichts seiner Arbeiten. Sie erklärt mir begeistert, wie wunderbar seine Fotos seien... Sie geht zu ihm und schenkt ihm ihre Begeisterung.
»Ganz toll. Fabelhaft! Das hat man nicht immer! Die Beleuchtung, die Ausschnitte, die Farben... Das ist wirklich eine Seltenheit, dass ich so begeistert bin. Die Schärfeeinstellungen... wie sie die Besonderheiten der Tiere zeigen... das ist so wichtig, dass die Menschen aufmerksam werden.«
Ilse Ebel grübelt noch den ganzen Heimweg darüber nach, woher wohl all das Schöne kommen mag. Und wieso es Menschen gibt, die es einfach so hinnehmen.

Ein anderes Mal, es ist schon Herbst, sind wir in der GALERIE AM TORBOGEN in Kloster und bewundern die ›Wasserzeichen‹, die stimmungsvollen, anscheinend im Inselrausch entstandenen Malereien und Grafiken von Uta Maria Stang. Bevor wir wieder gehen, tanzt Ilse Ebel mit einer anderen Frau inmitten der Ölbilder einen Freudenwalzer.

An einigen Abenden gehen wir den Weg zum Bodden hinauf, auf dem Deich in Richtung Kloster und den kleinen Holperweg an Asta Nielsens kreisrundem Haus vorbei, zurück zum Efeuhaus. Ilse Ebels kleine Runde.
Einmal in einer solchen Tagesneige fährt die Pferdekutscherin mit dem wilden blonden Haar auf dem Fahrrad ganz langsam an uns vorbei. Am Zügel trotten zwei starke Pferde seelenruhig und erleichtert hinter ihr her. Vom Fuhrwerk entspannt. Sie wissen, dass es jetzt auf die Weide geht.
»Ach, sieh mal, wie die mit ihr gehen!« Ilse Ebel bleibt begeistert stehen und lauscht genießerisch dem gelassenen Tritt der Pferdehufe, die einen linden Inselabend verkünden.
Sie ist ein lustvoller Mensch, diese Ilse Ebel. Wieder werde ich Zeugin eines ihrer Lebenskunstgriffe: Sie schöpft aus allen Erlebnissen, und besonders aus denen, die sich gelungen vor ihrem Auge präsentieren, Gewinn. Mögen sie auch noch so klein erscheinen, ihr sind sie Kostbarkeiten. Sie genießt die Konstellation der Wolken am späten Himmel, besieht die Farben der Gräser und Kräuter und wie sie sich mit dem Licht verändert haben. Den Hauch von Tau über den Wiesen. Den Wuchs der Weiden an ihrem Weg, die sie noch als kleine zierliche Bäumchen kannte und die immer noch da sind – imposante Riesen jetzt in bizarrem Mantel, die, wie es sonst kaum einer Weide vergönnt ist, nach ihrer Fasson wachsen durften.
»So ein schöner Abend« sagt sie begeistert »so was müsste man bei Tage sehn!«

Die Weiden am Norderende

Gespräche am Abend

Es macht Spaß mit Ilse Ebel den Abend zu verbringen. Sie hat das, was man einen gesunden Menschenverstand nennt, hat Lust an Humor nach altberliner Art und an Redensarten. Ein bisschen kiebig vielleicht, ein bisschen provokant, aber alles im nächsten Moment in Wohlgefallen und herzlichem Lachen auflösend. Sie plaudert gern. Nie würde sie sagen, dass ihr etwas zu viel würde, dass sie müde ist.

Wir sitzen bei Kerzenlicht in mitten von Büchern, Fotografien und Post. Auf dem Tisch steht eine kleine mit Schokolade gefüllte Schachtel aus Porzellan. Auf dem Stöfchen wird ein Tee bei Wärme gehalten. Zwei Gläser für ihr Nationalgetränk. So nennt sie die Mixtur aus Sanddornlikör und Sekt, die sie am liebsten trinkt. Später.

Sie zeigt Fotos aus längst vergangener Zeit. Sie erzählt, dass damals der Bodden bis an ihren Weg reichte, der nur ein einfacher Sandweg war. Dass man bis nach Rügen schauen konnte und dass nach der großen Sturmflut von 1962, bei der das Wasser bis in ihre Veranda kam, die Wiese aufgeschüttet und der Deich gebaut wurde. Dass es damals in der Heide noch viele Schlangen gab. Dass man vom Hexenhaus bis zum Mühlenhof durchgucken konnte. Dass sie im Hochland den Grabstein für Palucca ausgesucht hat. Dass sie mit Maria Kruse, der ältesten Tochter von Max und Käthe Kruse, viel auf der Insel unterwegs war und sich in der Lietzenburg – heute ein toter Ort, damals aber eines der bedeutendsten Künstlerhäuser der Insel – sehr wohl gefühlt hat. Obwohl Max Kruse sie finster fixierte...
»Einmal lud sie mich zu einer Hausmusik in die Lietzenburg ein und... Max Kruse war ja immer sehr... also man sollte ihm nicht zu nahe kommen... erst guckte er so... aber dann mit einem mal wurde er freundlich... und mir hat es ja so gefallen, wie alles eingerichtet war...«
Ich erfahre, dass der Ringelnatz vielleicht einer war. Ein Bild, ein Schnappschuss, wird in ihr wach. Sie sieht, wie er laut lachend und lamentierend mit einem Fuhrwerk die Straße entlang geprescht kam und laut plappernd die Peitsche durch die Luft wirbelte. Ein anderes Bild: Wie Ringelnatz mit Asta Nielsen vor dem Umkleidehäuschen am Strand herum ulkt. Wie er ihr vorliest und wie sie lachte – sie lachte viel und gern. Auch wie Hauptmann mit seiner Frau Margarete und dem Regierungspräsidenten von Pommern und einem Kunsthistoriker steht und redet, Hauptmann, wie er denkend den Strand abschreitet...

Rechte Seite: Hafenbereich Vitte aus den 60er Jahren

Über die Berühmtheiten der Insel, kann sie dem, was in den Lesebüchern Hiddensees schon zu finden ist, nichts hinzufügen. Für einen Moment bereue ich zutiefst, dass ich nicht vor 10 oder 20 Jahren bei ihr angeklopft habe und frage mich, wieso niemand die Geschichten dieser Frau im Zusammenhang mit den Inselberühmtheiten, von denen man jetzt so gerne liest, aufgeschrieben hat.
Aber geht es denn um diese Geschichten?
Und: Was sollte sie groß von Ringelnatz erzählen können? Als er starb, war sie gerade mal Anfang 20. Sie wird ihn an einigen Tagen in einigen Sommern erlebt und sich gründlich über seine Art amüsiert haben, ohne je näheren Kontakt zu ihm gehabt zu haben. Bleibt, dass sie das Glück hatte, zu einer Zeit auf die Insel gekommen zu sein, als diese uns heute so interessanten Menschen sich dort wohl fühlten und ganz ungezwungen ihren Einklang mit der Natur feierten.
Und nicht zu vergessen: Ilse Ebel ist Fotografin. Eine Hintergrundperson. Eine, die in Bildern sieht und denkt. Ihr Metier war und ist nicht, Geschichten und Histörchen einzufangen. Sie ist eine Momentbewahrerin. Sie ist an Konstellationen und Kompositionen interessiert, die sich gut auf einem Rechteck ausmachen, auf einem Positiv.

Aber anscheinend gibt es kaum ein Thema, das sie nicht interessiert, zu dem sie sich nicht eine Auffassung erdacht hat. Denn natürlich ist jedes Bild ihr auch Erkenntnis, die sie ihrer inneren Sammlung hinzufügt. In den Abendgesprächen spürt man ihr Interesse an der Welt, ihre Neugier auf Menschen, aber auch, dass sie genau abschätzt, wem sie was sagen kann, wem sie sich öffnen kann. Sie ist vielem gegenüber aufgeschlossen, aber auch kritisch.
Ihr Sprache ist sehr lebhaft. Die Gespräche mit ihr sind von Toleranz geprägt. Sie strebt nicht den Konsens an, sondern den Frieden. Man soll den Abend gut beenden. Und sie schöpft bei allem aus ihrem Denken, nicht aus dem hochbetagten Menschen zugestandenen Langzeitgedächtnis.
In ihrer Sammlung besonderer Zeitungsartikel finden sich Ausschnitte über Palucca, über die Insel und die Auswirkungen des Massentourismus auf die Natur, Mitteilungen über Veröffentlichungen von Künstlerinnen und Künstlern, die sie kennt, Berichte über die Zeit der Wende – angestrichen sind die Passagen, in denen sich jemand mal anerkennend über die Menschen im ehemaligen DDR-Land äußert, Artikel über Hunde und ihre Rolle als Balsam für Körper und Seele, über Medizin und Naturheilkunde und über außergewöhnliche Frauen – von Asta Nielsen bis Hillary Clinton. Überhaupt ist das Verhältnis zwischen Männern und Frauen eines ihrer zentralen Themen.

Ilse Ebel mag Frauen, die sich nicht die Butter vom Brot nehmen lassen und ermuntert dazu.
»Lassen sie sich bloß nichts gefallen!«
Die Freiheit ist ihr das größte.
»Wenns gut zusammenpasst – na bitte. Aber doch nicht, weil es so sein soll. Was ich alles gesehen habe... Wie uneins sich die Frauen und die Männer sind... Und wie schwer die Frauen das haben. Die haben die ganze Arbeit am Hals, die Kinder und noch den Ollen, der vielleicht auch noch säuft. Laufend Ärger, Streit, Kummer... und später? Da kann sie ihn pflegen. Da sitzt er vor der Glotze – na, fabelhaft!«
Ilse Ebel meint, dass es sich für die Männer gehört, den Frauen Achtung zu bezeugen.
Wieso? Sind Frauen denn etwas Besseres?
»Aber ja! Sie leisten doch das meiste im Leben! Körperlich und geistig! Was die alles machen! Haushalt, Arbeiten, Kinder versorgen... das würde kein Mann machen! Und dann wollnse noch was von der Frau! Männer!« sagt sie verächtlich »Kriege führen, das können sie, aber die haben nicht geschafft, dass die Kriege aufhören!... Und was bringt das für ein Leid und Elend auf die Welt. Da kommt man einfach nicht mit. Das liegt an den Männern, die sind in ihrem Wesen anders als die Frauen. Frauen wollen nicht ihre Familie verlieren.«
Einige gibt es ja, sagt sie, die sind anders. Aber nur wenige.
»Die musste mit der Lupe suchen.«

Haben Sie je einen Mann geliebt?
»Ja, da war mal einer. In Bielefeld, wo ich gearbeitet hab. Aber da hat meine Mutter gesagt, nee, der ist nichts für dich. Und sie hatte Recht... Eine Ehe wäre nichts für mich gewesen. Eins geht nur, entweder Kinder und Haushalt oder der Beruf. Das hat Palucca auch so gesehen. Sie war ja auch nur kurz verheiratet. Ihre Welt war der Tanz. Wenn ich meinen Beruf ganz ausüben will, muss ich frei sein, hat sie gesagt. Aber die gingen gut auseinander. Sehr tolerant.«
Für Ilse Ebel hat es sich nicht ergeben, dass ein Mann in ihr Leben trat. Sie stellte sich nicht auf die Rollen als liebevolle Ehefrau, rationelle Hausfrau und erziehende Mutter ein – Rollen, die auch in ihrer Jugendzeit und trotz des Mythos von der ›neuen Frau‹, die bestimmenden waren. Und so musste sie, was in ihr ist, nicht anpassen, hat viel von ihrem Ursprung noch bei sich.
Das bedeutete aber auch, dass sie ihre eigene Lebensform finden musste. Genau abstecken musste, über welche Möglichkeiten sie allein verfügt. Sicherlich hat sie sich auch in so manche Nesseln

ihrer eigenen Entscheidungen setzen müssen. Aber zu den Konsequenzen ihres Handelns hat sie eine ganz klare Haltung: klagen hilft nicht. Sie mag es auch nicht, wenn es andere tun.
»Wenn man sich von den Sorgen erschlagen lässt, hat man ja gar nichts mehr vom Leben.«
Viel höher in ihrer Gunst ist, wer zu seinem Lebensentwurf steht und den Preis dafür ohne Jammern zahlt.
Und damit meint sie nicht in erster Hinsicht Geld. Sie steht mit dem Geld nicht auf gutem Fuß, schließlich hat sie mehrmals die Erfahrung gemacht, dass es ein unzuverlässiger und unbeständiger Begleiter ist – Inflationen, Entwertungen, Währungsreformen. Und sie kommt mit der Umstellung aller Verhältnisse auf Geldwerte nicht klar – aber das war wohl schon ihr ganzes Leben lang so. Ilse Ebel findet nicht gut, was das Geld mit den Menschen macht. Sie findet nicht gut, was die Menschen mit ihrer Lebendigkeit des Geldes wegen machen. Ganz weltfremd ist sie da und der Welt vielleicht verbundener, als diejenigen, die sich nicht dafür halten.
Noch ein Glück: dass sie immer auch auf Menschen traf, die sich im Reiche des Materiellen besser auskannten und ihr aus Zuneigung halfen, so dass sie in den ihr vertrauten Gefilden bleiben konnte.

»Jetzt gehen alle arbeiten, die Männer und die Frauen, weil das Geld nicht reicht, die wollen alles haben... sind anspruchsvoller geworden, als ob es davon abhinge...«
Sie sieht ein, dass nicht nur die Ansprüche gestiegen sind, sondern dass auch das ganz normale einfache Leben sehr teuer geworden ist...
»Und nun sagen sie mir doch mal, wieso das so ist?«
Aber sie will nicht wirklich über Geld reden. Sie verstimmt sich, wie ein misshandeltes Instrument, wenn ein Gespräch um Geld und Kredite kreist. Sie will darüber reden, wie alles aus den Fugen geraten ist.
»... Wissen sie, in manchen Sachen entbehrt man jetzt viel – die Eltern sind ja keine Vorbilder mehr. Ich meine, es soll nicht zu strenge sein, aber ein bisschen Benehmen und Verhaltensweisen... Es kommt ja sehr auf die Art an, wie man den Kindern etwas beibringt... Erziehung ist Beispiel, wie der Fröbel gesagt hat... Wenn man sich im persönlichen Leben so verhält, dass die Kinder ein Beispiel sehen – dann haben die Kinder auch Achtung. Und man muss Momente abpassen, wo sie bereit sind, sich etwas anzueignen... nicht so rumbrüllen mit ihnen... Wer macht denn das? Macht doch kaum einer. Und die Kinder brauchen auch Rückhalt bei den Eltern... Aber die

haben ja alle keine Zeit! Und auch die Frauen gehen arbeiten und sind nicht mehr zu Hause.«
Sie plädieren doch nicht etwa für die Hausfrau? Ausgerechnet Sie?
»Na ja – aber wissen sie... Manche finden keinen richtigen Mittelweg, überlassen die Kinder sich selbst. Früher hatten die Frauen fast nie einen Beruf und waren zu Hause. Das wars. Und heute haben sie eine Arbeit, weil die Männer nicht mehr genug verdienen und dann noch die Kinder, alles lastet auf ihnen...
Früher hat der Mann das Geld verdient und das hat gereicht. Man war sehr bescheiden auch. Ich meine, ich kann ja verstehen, dass die Frauen nicht immer kochen und braten wollen... – Meine Mutter war auch nicht so... nur im Haushalt. Nee, das war nicht ihre Masche. Sie wollte auch was anderes. Sie hat die ganze Buchführung gemacht, das Geschäftliche – das liegt mir nun wieder nicht so – aber so hat eben jeder seins... na ja.
Und die Frauen heute wollen auch ihr Leben selbst gestalten, haben ja oft auch ihre eigenen Einnahmen... aber eine Sache leidet immer: Kinder, Haushalt, Arbeit – alles kann man nicht!... Eine Frau, die Beruf hat, Haushalt und Kinder, hat es nicht einfach! Da müssen die Männer mitmachen! Nicht dass die Männer sich auf die Frauen verlassen. Was wollen die denn noch alles erwarten von der Frau. Das muss doch beiderseitig sein. Die tun doch immer wie die Großen!«

Auch der Fortschritt der Menschheit macht ihr wirklich sehr zu schaffen. Sie kommt immer wieder darauf zurück.
»Weil die Technik alles macht, nennt man das Fortschritt. Aber was ist die andere Seite? Keine Mühe, keine Hinwendung, kein Aufwand. Dass alles maschinell geht, hat auch viele Nachteile für die Verhaltensweisen...
Ist denn nun der technische Fortschritt auch ein Fortschritt für die Menschen? Wenn ich mir das zum Beispiel in meinem Beruf ansehe (und da wird sie richtig fuchtig) – heute drücken sie aufn Knopf und basta. Denn sehen sie mal, wenn das Bild auf die Unterlage fällt, dann! muss ich gucken. Hier muss ich abdecken, muss ich, während ich belichte, immer zurückhalten, oder ich muss die hellen Stellen nachbelichten, dass es ein gutes Bild wird – wer macht denn das heute noch?... Sehen sie mal« sie zeigt mir ein Foto, das nicht nach ihren Vorstellungen entwickelt wurde, »grau und grob – weil keine Liebe mehr darauf verwendet wird...«
Hinter jedem ihrer Fotos steckte noch gründliches Handwerk, mit dem sie auch so manche Amateurarbeit verfeinert hatte.
Und noch etwas anders treibt sie um.

»Durch die Technik wird vieles leichter, aber die Menschen werden nicht mehr gebraucht… Es hat eben alles zwei Seiten… und die jungen Leute… ist doch schade drum. Die müssen nehmen, was da ist – egal, ob sie dafür geeignet sind, oder nicht… das kann doch nicht gut gehen, das entspricht doch nicht ihrem Willen! Da muss man sich doch nicht wundern über die ganze Lieblosigkeit. Woher sollen die denn ihren Lebenssinn finden? Ist das vielleicht Fortschritt?…!«
Sie fällt in ihren Sessel zurück.
»Die Welt, die Erde, die Natur – wir gehen immer ein bisschen mehr nach unten…« sagt sie nachdenklich. »Ich lese ja nun viel die Zeitung, schaue nach, wer wieder wen ermordet hat. Ach Mensch! Das ganze Leid!… Die Tiere sind die besten, mit den Menschen ist nicht viel los…«
›Seit ich die Menschen kenne, habe ich mein Herz den Hunden geschenkt‹ – so Friedrich der Große und ›Wenn du einen kranken Hund pflegst, so wird er dich später nicht beißen. Das ist der Hauptunterschied zwischen Tier und Mensch‹ – sagte Mark Twain. In Ilse Ebels Sprüchesammlung finden sich noch Leute wie William Faulkner, Arthur Schopenhauer und Otto von Bismarck zu diesem Thema. Und immer wieder auch Sprüche zum Umgang der Menschen mit den Tieren und mit sich. ›Mitleid mit den Tieren hängt mit der Güte des Charakters so genau zusammen, dass man zuversichtlich behaupten darf, dass, wer gegen Tiere grausam ist, kein guter Mensch sei‹. Schopenhauer. Aussprüche von anerkannten Größen, die sie bisweilen brauchte, um an sich selbst nicht unsicher zu werden.

Und manchmal vermisst sie die Originalität in der Gegenwart.
»Es war alles schon mal da. Alles wiederholt sich.« Und: »Was nutzt mir denn die Technik und dass ich alles kaufen kann, wenn im Zusammenleben der Menschen alles das gleiche bleibt?«
Aber ja! Natürlich. Vor mir sitzt ja eine Agentin der Zeit! Und als solche trägt sie mehr in sich, als nur den Augenblick.
Ilse Ebel hat einige Herrscher aufsteigen und auch wieder versinken sehen. So etwas hinterlässt seine Spuren. Und die Ära, in der sie aufwuchs, hatte wahrlich einiges an Originalität zu bieten. Viele Ereignisse geschahen das erste Mal, viele Dinge wurden das erste Mal erfunden, das erste Mal gedacht – wenn man von der Idee einen Krieg zu machen, mal absieht.

Ich stelle mir vor, wie Ilse Ebel mit mir in einen kleinen Schaukasten guckt, der mit der Zeit angefüllt ist, die den Namen ›Höhepunkt der Moderne‹ trägt. Alles geschieht sehr schnell. Vielleicht so schnell,

wie jemand isst, der lange Hunger hatte. Die Gier nach einem intensiven Leben beherrscht die Szene.
Die Wissenschaften und die Entwicklungen der Technik stellen die Wunder des Seins auf den Boden von Tatsachen. Der Berg der Erkenntnisse wächst so rasch wie die Hoffnung, damit endlich aller gärenden Probleme der Menschengesellschaft Herr zu werden. Im gleichen Maße wächst aber auch die Sehnsucht. Nach den Wundern. Nach den Ursprüngen.
Und so ist es mit allem: In kürzester Zeit werden nahezu alle Grenzen überschritten, alle Möglichkeiten der modernen Existenz durchgespielt, erprobt und verworfen. Alles Neue, das im Zusammenleben der Menschen entsteht, fasziniert, aber es irritiert auch, fordert Gegenreaktionen heraus.
Die Rollen für Männer und Frauen werden neu geschrieben und schon gesellt sich die Idylle der bürgerlichen Ehe hinzu, wird der Muttertag geschaffen und der Mann als Herr und Krieger proklamiert. Die Angst vor dem ›Volkstod‹ der Deutschen und die Diskussionen um den Wert von Ehe und Familie führen zur Veröffentlichung der Sexualität, allerdings vor dem Hintergrund viktorianischer Prüderie und in der Tradition des Technikglaubens des 19. Jahrhunderts und folgerichtig zu technischen Gebrauchsanweisungen der Geschlechtsorgane. Und zu neuen Anstandsregeln, die ähnlich rigide sind, wie die alten Tabus.
Es herrscht ein erregtes intellektuelles Klima wie nie zuvor. Die sozialen Konflikte und die technischen Möglichkeiten führen zu immer neuen schöpferischen Vorstößen in den Künsten und dazu, dass die Menschen, wie immer in zerklüfteten Zeiten, wieder etwas von den Künsten erwarten. Neue künstlerische Theorien entstehen, neue ästhetische Prinzipien und Utopien, ein neuer Stil jagt den anderen. Neue Kunst, neue Musik, neue Architektur und neues Wohnen, neue Literatur, neue sachliche Orientierung an der Wirklichkeit. Außerdem haben die Künstler eine neue Rolle übernommen, sie sind jetzt Produzenten von künstlerischen Gebrauchswerten für einen Markt der Massenkultur. Kunst wird in einem noch nie dagewesenen Maße vervielfältigt. Mit großer Energie wird an der Entdeckung ihrer demokratischen Potenzen gearbeitet und daran, sie Vielen zugänglich und verständlich zu machen – auch von hier weht ein Zukunft verheißender Wind bis in die Alltagssphäre der Menschen hinein. Die scheinbar unbegrenzten Möglichkeiten der modernen Technik und des Zeitgeistes reizen sehr, gleichzeitig aber beginnt das Ringen um Wahrhaftigkeit, Aura, Freiheit und Würde. Die Unterhaltungsmaschine läuft an. Große Kinopaläste entstehen.

Das Radio sendet und alle hören zu.
Massenkonsum, Massenproduktion, Masseninszenierungen, Massenparteien, Massenkundgebungen, Massenmedien. Auch das gab es bisher so nicht. Amerika tritt auf den Plan. Mit allem, was man von dort wahr nimmt – das unbelastete Jetzt-Lebensgefühl, die Wirtschafts- und Finanzkraft, der faszinierende Sog der Metropolen, die überwältigende Medien- und Warenwelt, das Rationelle, Schnelle und Einfache in allen Lebensbereichen – verbinden sich Hoffnungen auf Entfaltungsmöglichkeiten, aber auch Vorbehalte, Besorgnis und Kulturkritik.
Institutionen und Regelungen werden geschaffen, die zukunftsweisend sind. Doch der Handlungsspielraum ist eng. Die Reformen zerbrechen an der Wirklichkeit der Weltwirtschaftskrise und dem machtgierigen Spiel der Reformgegner. Notverordnungen hebeln fortschrittliche Gesetze aus. Die Republik ist angeschlagen, die zersplitterten politischen Lager sind verhärtete Fronten, der viel gepriesene bürgerliche Humanismus zur Fassade verkommen, die Untergangsangst geblieben, die Jugend überflüssig geworden, die Verelendung breiter Teile der Bevölkerung nicht mehr zu übersehen. Am Ende scheinen alle Alternativen aufgebraucht. Bis auf eine...

»Das Schlimmste ist« sagt sie da »die Menschen haben nichts gelernt...«
Angesichts der momentanen politischen Ereignisse schaut Ilse Ebel enttäuscht und traurig auf die Menschheit.
»Und die, die da oben sind, die sollen mal beweisen, dass sie was können. Die müssen doch mal mitkriegen, wie es gehen kann, dass die Menschen zusammen leben können. Ich kann das nicht begreifen – jahrhundertelang haben wir Krieg und nichts daraus gelernt.«
Sie sagt dazu nichts mehr. Sagte nie viel dazu. Sie ist zu beeindruckt von der Tötungswut der Menschen und fürchtet den Grund dieser Handlungsart – wo das her kommt, macht ihr Angst.
Irgendwann in ihrem Leben, an welchem einige Herrschaftssysteme und Weltkriege vorbeizogen, wurde wohl klar, dass die Verhältnisse der Spielraum sind, in denen man sich nun einmal bewegt, die aber nicht die Macht haben, nicht haben dürfen, den Grund der eigenen innerlichen Komposition zu zerstören. Im Gegenteil: Die Bewegung in diesem Raum wird immer danach ausgerichtet sein, diese innere Komposition zu befördern. Und das ist ein Moment der Kreation.
Geschichte schreibt man so nicht. Oder doch? Nein. Denn die Geschichtsschreibung fragt nicht danach, wie viele Menschen wegen so jemandem glücklich waren.

Wer je um das Eigene rang, der weiß: Es zu wahren und zu entwickeln, bei sich, seinen Idealen und Visionen zu bleiben, das erfordert Mut, Kraft und Einfallsreichtum. Und vielleicht muss man sich auch noch eine Haut anschaffen, damit man die Schrammen nicht so wichtig nimmt, die beim Anecken entstehen, damit das an sich Unverdauliche nicht so tief in das Innere eindringt und man konsequent seine Ziele verfolgen kann – vor eigener Verantwortung, in innerer Wahrhaftigkeit.

Ilse Ebels Abschied von der Politik hört sich so an:
»Ach was soll denn das. ...immer nur kämpfen, kämpfen, kämpfen! Überfälle und Zerschlagen. Immer dagegen! Sollen sie es doch mal mit Einklang versuchen! Dann wären die Menschen weiter!«
Ilse Ebel lehnt Kriege und jede Form von Gewalt kategorisch ab – ist unbedingt für das Leben und will mit nichts etwas zu tun haben, das dagegen agiert. Nie könnte sie einem Tier etwas antun, geschweige denn, einem Menschen. Ilse Ebel liebt und verehrt das Leben, spendet für das SOS-Kinderdorf und den Naturschutzbund und versucht sich so zu verhalten, dass sie sich selbst und andere nicht verletzt.
»Die Menschen sagen immer, dass sie etwas besseres sind. Die Krone der Schöpfung! Sollen sie das doch erst mal beweisen! Die ganzen Kriege, überall Mord und Totschlag, Armut – das soll Fortschritt sein? Da kann einem ja der Einsegnungskaffee hochkommen!«

Im Efeuhaus

Für Ilse Ebel beginnt das helle Halbjahr damit, dass sie ihre Veranda eröffnet. Das ist ein Vorgang, an dem auch ihre Nachbarin, Frau Ewert, einen hilfreichen Anteil hat, die ihr seit 1968 im Haushalt hilft und den Raum, wenn Ilse Ebel ihr Zeichen der Frühjahresunruhe gibt, entstaubt und lüftet. In diesem Jahr ist es erst im Juni soweit. Die Veranda ist für Frau Ebel etwas ganz besonderes. Hier wohnt das Licht, hier reicht das Fenster bis auf die Wiese mit den Gänseblümchen, hier gibt es kein Gegenüber – der Blick ist frei bis auf den Bodden, wenn man die Häuser des Segler-Hafens, die wie zwei rote Berge die Weite verstellen, außer Acht lässt; hier sieht man das Wetter, und obwohl sich das Geschehen auf der anderen Seite ihres Hauses abspielt, kann man hier – sozusagen heimlich – das Erröten des Himmels beobachten, wenn sich die Sonne ein letztes Mal an ihn schmiegt; hier kam das Wasser mehrmals direkt bis zu ihr; hier hat sie mit ihren Menschen viele Abende verbracht, im Sessel ihr gegenüber, da saß Palucca immer, wenn sie durch die Küchentür gekommen war.

Vorübergehende bleiben stehen, nehmen das friedliche Bild des Efeuhauses in sich auf und gehen dann weiter. Manche schauen von der kleinen Straße her verstohlen durch das Verandafenster, ob sie Ilse Ebels Gestalt erhaschen können. Doch nicht alle Menschen sind sensibel – nicht wenige kommen einfach durchs Gartentor und stehen mit dem Anklopfen an die Scheiben auch schon in der Veranda... Ja! Hallo! Frau Ebel – wir wollten sie mal kennenlernen... wir haben den Film über sie gesehen... wir wollten mal fragen, ob wir sie besuchen kommen können und ein paar Fotos anschauen können...
Ilse Ebel hatte noch keine Chance sie herein zu bitten – aber auch das schaffen diese Leute alleine.
Ilse Ebel ist durch den Film von Petra Liesenfeld zu einer öffentlichen Person geworden und wird seit dem sehr viel von Fremden an-

Das Efeuhaus in den 80er Jahren

gesprochen. Sie ist auf diese Art zu einer zwar späten, aber immerhin deutlichen und weitreichenden Anerkennung ihrer Arbeiten gekommen. Noch 1980 wurden ihre Negativmaterialien, einschließlich ihrer fotografischen Geräte, von behördlicher Seite offiziell auf einen Geldwert von wenigen hundert DDR-Mark eingeschätzt. Im Laufe der Zeit sind ihre Arbeiten immer begehrter geworden, wie auch sie selbst. Natürlich genießt sie diese Aufmerksamkeit. Doch all dies überwältigt sie auch. Denn sie hat gegen den Ansturm der vielen Neugierigen (unter denen sich leider auch Abstauber befinden) keinen Schutzmechanismus. Sie hat nur ihre großartige Gastfreundschaft und diesen Satz:
»Man soll es sich doch so schön machen, wie es geht, nicht wahr?«

Die Veranda ist ihr Sommerzimmer. Morgens lässt es die Sonne ein und gibt am Abend ein warmes Fensterlicht nach außen. Die Kaffeemaschine ist eingezogen, auch der Toaster, der kleine Servierwagen ist mit Kaffeefiltern, Servietten und Platzdeckchen bestückt. Auch Ilse Ebels Süßigkeitenlager ist eingetroffen, die Zeitungen liegen jetzt hier. Alles ist bereit für das Sommerleben.
Die Veranda ist auch ein Geschenkezimmer. Keramikglocken hängen an der Lampe, Keramikfiguren stehen auf der Anrichte, das KARUSEL, Asta Nielsens Haus, als Teelichtkeramik auf der alten Kommode ihrer Großmutter, eine thailändische Stabpuppe... alles Geschenke. Aquarelle von Peter Hoffmann, ein Bild von Erich Jackstädt, der auch bei ihr gewohnt hat, und drei Repros, die sie von seinen Bildern gemacht hat. Ein Aquarell von der Malerin Herveling, die sie am Strand fotografierte, die jeden Morgen ganz in weiße Gewänder gehüllt das Meer begrüßte, mit langem wehendem Tuch um den Kopf – eine Ge-

Ilse Ebels Blick aus ihrer Veranda

heimnisvolle, die weiße Dame wurde sie genannt. Das Foto hängt daneben. Handschnitte von Ingeborg Jacobsen, einer Freundin ihrer Mutter aus Neuruppin, beide Frauen kannten sich vom Heimatverein der Schleswig-Holsteiner her. Ein Druck von Uta Maria Stang – ›Am Klosterteich‹. Heinz Wattenberg ließ eine Reproduktion seines Kopfes der ›Helena‹ bei ihr. Asta Nielsen, die sich von ihr mit ihrer Katze aufnehmen ließ und ihr ein Autogramm aufs Foto schrieb. Auf der Anrichte zwei Ölbilder – ein lachendes und ein weinendes Kind.

»Nein!« lacht Ilse Ebel, »das bin ich. Da hat mein Vater mir so einen Fez aufgesetzt, mich lachend fotografiert und hier, da hat er mir so einen Klapps auf die Hand gegeben... da hab ich geweint... das wollte er so haben. Lachen und Weinen...«

Typisch Fotografenvater. Ich sehe genauer hin. Die Fotos sind auf Malerleinwand gezogen und in aller feinster Manier mit Öl übermalt. Vielleicht hatte er sein Modell passend zum während des 1. Krieges stattfindenden Buhlbesuchs des Kaisers Wilhelm in der Türkei so

"Die weiße Dame", Malerin Helene Herveling um 1928

ausstaffiert, vielleicht hingen die Bilder im Schaufenster seines Ateliers... die Blicke der Passanten zogen sie bestimmt auf sich. Über dem Sessel, in dem immer Ilse Ebel sitzt, hängt vollkommen das Meer. Ihr Vater hat es von der Hucke aus fotografiert und braungetont.

Ein Blick zurück: Vor ihrem Zaun steht ein Trupp Menschen. Einer von ihnen erklärt den anderen in bestem Sächsisch, dass das ja nun die Häuser seien, wo nun na ja nur solche zu wohnen kämen – ...da

Asta Nielsen um 1930

brauchen se sich jor nicht ärst zu bemühn… ich soche ma so, ab Doktor aufwärts…
Der Mann, der grad in Ilse Ebels Garten steht – einer ihrer Gäste, der Schauspieler Thomas Hailer – reagiert vortrefflich und ruft laut und deutlich nach oben zum geöffneten Fenster des Gastzimmers: »Herr Oberarzt, kommen sie doch mal bitte.« Worauf der Mann in der oberen Etage prompt antwortet: »Ja, Herr Kammersänger, einen Moment noch!« Beide Männer verstehen sich gut, ihnen sitzt der Schalk im Nacken. Ilse Ebel verkneift sich ein lautes Kichern. Der Gruppenführer zu seinen Leuten: »Noa, sähter, habsch eich doch gesocht.« und zieht, um eine Bestätigung reicher, weiter. Fortan blieb es bei Herrn Oberarzt und Herrn Kammersänger.
Bei Ilse Ebel verkehrten auch Frau Hofrätin, Frau Bergrätin und Frau Geheimrätin – sie selbst war Frau Kommerzienrätin, ein Name, den sie von der zu guter Laune aufgelegten Hofgemeinschaft hinter ihrem Haus erhielt – wegen ihrer Freigiebigkeit. Hinter dem Efeuhaus gab es damals noch eine Veranda, ein altes Waschhaus – ein Holzhaus mit Rohrdach – und einen Schuppen, die Zäune waren noch nicht gezogen, alles ergab einen offenen Hof und mit den Menschen, die sich jeden Sommer dort einfanden, eine Hofgemeinschaft, die oft gemeinsam kochte, lachte und gute Gespräche hatte, über Bücher, über Kunst, über Gott und die Welt.

Ilse Ebel verfügte in der oberen Etage des Efeuhauses über einen kleinen Raum – das Nordzimmer, das sie ihren Vertrauten zur Verfügung stellte. Der große obere Raum, das ehemalige Schlafzimmer der Familie Ebel, wurde von Sommergästen – vornehmlich einer Schar immer wiederkehrender Inselliebhaber, genutzt und nicht von ihr vermietet. Sie lebten in einem sehr spartanisch eingerichteten Zimmer: eine alte Waschkommode auf drei Ziegelsteinen, den vierten haben die Herren Oberarzt und Kammersänger eines Tages dazugetan, ein alter Spiegel, ein Kohlenofen, ein Eisenbahnheizkörper, ein alter Sessel, ein altes Bettgestell, Tropfkerzenflaschen und ein Nachttopf. Ein Fischernetz an der Decke. Und niemand nahm Anstoß daran. Im Gegenteil: man war damit einverstanden. Es ging darum, ganz und gar in eine andere Welt einzutauchen. Das Einfache der Unterkunft wurde zur Freiheit stilisiert und verschaffte der Seele die Illusion, den Ballast der Zivilisation abgeworfen zu haben. Die Gäste halfen Ilse Ebel, die Bücher und die Möbel vor dem Wasser zu retten, als heftige Stürme tobten und niemand nahm übel, dass es mit der gemütlichen Nachmittagsruhe im Haus nicht so ganz einfach

Der Hof hinter dem Efeuhaus

war. Denn schon bald nach dem Mittag wurde in der Veranda ›Ilse Ebels Café‹ eröffnet – viele Menschen stellten sich ein, durch den Holzfußboden drang Ilse Ebels unüberhörbares Lachen...

Das Efeuhaus war als ein Haus der Fröhlichkeit bekannt. Wenn Ilse Ebel nicht da war, lebte das Haus nicht. Ilse Ebel war eine Ortbereiterin. Sie schenkte mit feinem Gespür dafür, wer zusammen eingeladen werden kann, vielen Menschen einen Ort. So manche Freundschaft, so manche Idee begann in ihrer Veranda. Und wenn man an ihrem Zaun Bilder ausstellte, bei ihr eigene Werke zurück ließ, verbreitete sich die Kunde vom Schaffenden auf diese Weise ganz gut. Ilse Ebel war eine fürsorgliche Nachbarin. Die kreativen Geister unter den Sommergästen konnten mit ihrer Sorge um deren Wohlergehen rechnen. Einfach deshalb, weil sie sich in einem nie abbrechenden Strom an Gedanken befanden und sicherlich imstande waren, Essen und Trinken zu vergessen.
Und sie war die Haushüterin. Sie verwaltete das Efeuhaus, führte das Mietkonto für die Hausbesitzer und die Korrespondenzen mit ihnen, sie veranlasste notwendige Reparaturen, Renovierungen bzw. Erneuerungen.
Der Efeu wurde geschnitten. Ilse Ebel hat dafür gesorgt, dass das Haus immer gut aussah und das hat sie gern gemacht.

Das alles war so bis zu einem Tag, an dem sich ihre Welt einmal mehr verwandelte – Ilse Ebel sollte raus aus dem Haus. Eigentum, Eigenbedarf, Sanierung, Vermietung, Miete, Geld – was vorher war,

zählt nicht mehr... Ilse Ebel war, als es Deutschland einfiel wieder eins zu werden, 78 Jahre alt und akzeptierte nichts von all dem, was da plötzlich auf sie zu kam. In dieser Zeit hatte sie zum ersten Mal Angst. Sie wollte unbedingt in ›ihrem‹ Haus bleiben.
Zum Glück gab es Menschen, die ihr halfen, dieses Ziel zu erreichen: Frau Dr. Hoffmann, Frau Seydel, die Gemeindeverwaltung, Pastor Domrös, ihre Nichten und nicht zuletzt auch Palucca, die sich bei der Familie Muthesius dafür einsetzte, dass Ilse Ebels Leistung als Verwalterin anerkannt wird. Die Familie Muthesius zeigte sich schließlich sanfter als so manch andere an ihrer Stelle es getan hätte und so konnte für Ilse Ebel ein Bleiberecht auf Lebenszeit erwirkt werden. Seitdem steht ihr der untere Teil der rechten Haushälfte zur Verfügung. Sie ist inzwischen über diese Geschichte hinweg.
»Ich seh ja ein, dass die unteren Zimmer für mich alleine ausreichend sind. Der Fall ist für mich erledigt.«
Die Miete zahlen ihre Nichten, da der Fortschritt an Ilse Ebels Rente vorbei gegangen ist.
Mit den oberen Zimmern, verschwanden auch viele Sommergäste aus Ilse Ebels Leben. Lange noch schrieben sie ihr oder luden sie zu sich ein. Noch heute kommen die, die jetzt eine andere Bleibe auf der Insel nutzen, bei ihr vorbei und halten ihren Schwatz mit ihr, aber so wie früher ist es nicht und Ilse Ebel ist sich sicher: das liegt nicht an ihrem Alter.

Wir sind in ihrem Arbeits-, Speise- und Winterplauderzimmer. Das Zimmer mit den vielen Tischen. Im Winter der einzig warme Raum in dieser Wohnung. Im Sommer wird er eigentlich nur zum Telefonieren benutzt. Ein dunkler Raum. Der Efeu, im Laufe der Jahre zu einer dichten Mauer herangewachsen, hat die Fenster verkleinert. Die Hecke vor dem Haus, der Schirm vor den Passanten, ist mächtig geworden.
In Ilse Ebels Wohnung treffen Licht und Schatten, Wärme und Kühle eigenartig übergangslos aufeinander. Das ist wie in dem aus Worten und Gefühlen geschaffenen Raum, der Ilse Ebel umgibt: Liebe, Verehrung, Großzügigkeit, Euphorie, übles Geschwätz, Verständnislosigkeit, Distanz.
Ilse Ebel ist ein ungereimter Mensch. Und es gibt Leute, die das verwirrt. Denn es ist zu hören, dass sie es faustdick hinter den Ohren haben soll. Auch spricht man von ihrer Durchsetzungskraft mit so einer ungewissen Betonung. Und manche sagen, dass sie störrisch sei. Weil sie ihre Person nicht nach der Meinung anderer ausrichtet?

Weil sie sich nicht gefallen lässt, was ihr nicht passt? Doch wer will da richten?
Manche finden es zwar bewundernswert, wie sie ihr Leben meistert, schätzen ihre Gabe groß, stehen aber gleichzeitig fassungslos vor ihrer fast grenzenlosen Naivität. Denn Ilse Ebel übersieht im Verkehr mit den Menschen Eigenschaften wie Hinterhältigkeit, Verschlagenheit und Schäbigkeit. Lüge kennt sie nicht und Habgier ist ihr fremd. Kein Interesse hat sie an dieser alles erlahmenden Schwere und auch nicht an der Oberflächlichkeit. – Ihr Weg, sich gegen negative Einflüsse zu wappnen. Ihr Weg, sich vor dem Erkalten zu schützen. Sie schneidet einfach aus ihrer Wahrnehmung aus, was ihr nichts sagt, oder was sie beschädigen könnte.

Viele Bücher. Möbel aus drei Jahrhunderten, kleine Blumentöpfe und Fotos. Sie gestattet mir einen Einblick in ihre Schätze. Kunst- und Bildbände. Architektur, Malerei, Plastik. Für Ilse Ebel gehört die Kunst zu dem Besten, was wir Menschen hervorbringen. Kunst ist für sie etwas, das Menschenentwicklung bewirkt. Sie studierte die Maler und Malerinnen, deren Bildkraft sie bezauberte. Genrestudien. Bildaufbau. Sie bevorzugte die Malerei der Renaissance und die Niederländer des 17. Jahrhunderts – ganz klar, die einen wegen der Farben und die anderen wegen des Lichts.
Lyrik, kleine Prosa, Romane – die ganze Weltliteratur ist hier versammelt: Eco, Wolf, Fallada, Tolstoi, Faulkner, Mann, Heine, Hemingway, Maupassant, Brecht, Wilde... Und natürlich Hiddensee-Bücher, Stadtansichten, Lehrbücher der Fotografie, viele dieser kleinen Reclambände – Dramen, Komödien, Diesterwegs Neusprachliche Reformausgaben, Bücher über Pflanzenheilkunde und homöopathische Praxis, Bücher, die ihre nahen Menschen geschrieben haben oder die über sie geschrieben wurden, Bücher auch, in denen einige Fotos der Ilse Ebel erschienen sind und die ihr zum Dank überreicht wurden. Nikolaus Niemeier liegt bei ihr griffbereit herum. Sie liest gern ein, zwei Stücke daraus vor. Kurze Gedichte mit tiefer Lebensweisheit. Sie ist begeistert von jedem Wort, das ein anderer für wichtige Gedanken findet, davon, dass jemand mit gut geformter Sprache ausdrücken kann, was sie fühlt.

An der Wand ein alter Regulator vom Vater des Vaters. Es ist fünf nach neun. Immer.
In der alten Glasvitrine stehen in der oberen Reihe die Bücher, die ihr Palucca schenkte. Seit den 70er Jahren, jedes Jahr zu Weihnachten, mit einer Widmung. In die Fassung der Glasscheiben hat Ilse

Ebel Fotos von Menschen geschoben, denen sie herzlich verbunden ist. Kein Bild von Palucca, fällt mir auf. Ich sehe mich noch einmal um. Nein. Sie stellt sie nicht aus. Nicht einmal für sich. Die anderen Künstler, die hier bei ihr zu Gast waren, auch nicht.

Ilse Ebels Eltern Katharina und Max Ebel

Neben der Vitrine hängen Fotos ihrer Vatermutter und ihrer Muttermutter. Sehr unterschiedliche Frauen. Die Muttermutter zart, fast durchscheinend, sie starb im Alter von 42 Jahren. Die andere – robust. Gehärtet. Darunter ein Foto ihrer Eltern von 1911.
»Ist das nicht eine Eintracht?!« sagt Ilse Ebel, aber so, dass man weiß, dass diese Ehe nicht so ganz einfach war. Sie stehen da, beide unzweifelhaft zur Innigkeit drapiert.
Ihre Mutter, Katharina Dorothea Ebel, geborene Paysen, wurde im Mai 1885 als Tochter des Kaufmanns Christian Paysen und seiner Frau Katharina Benedicta, geborene Dethlefsen, in Emmelsbüll geboren. Sie wuchs in Niebüll, Kreis Tondern auf – wo der Hindenburg-Damm nach Sylt geht, wie Ilse Ebel sagt – und begegnete dort ihrem zukünftigen Mann Max Ebel.
Friedrich Max Ebel – im April 1878 geboren, war der Sohn des Schuhmachers Friedrich August Ebel und seiner Frau Emma, geborene Müller, aus Frankfurt an der Oder. Die Familie soll ursprünglich aus dem Süden Deutschlands mit irgendwelchen nicht mehr bekannten italienischen Einflüssen stammen.
In Tondern, in der Oberstraße 71, hatte Max Ebel ein Fotoatelier. Dort war auch Katharina eines seiner Modelle. Ob erst nach oder schon vor ihrer Hochzeit, weiß niemand mehr. Jedenfalls haben sie sich in Tondern kennengelernt und im Juni 1905 geheiratet. 1906 wird Emma Ebel, Ilse Ebels Schwester, geboren.
Katharina Ebel – eine schöne junge Frau mit großen runden Augen und krausem blondem Haar, Max Ebel – ein eleganter dunkelhaariger junger Mann, dem man den Ehrgeiz ansieht... und noch etwas anderes. Etwas, das der jungen Frau später einige Sorgen bereiten wird und sie zu dem Schluss führt, dass sie konsequent ihr Leben lebt und er das seine leben soll.

Dem gegenüber – ein großes, sehr anziehendes Portrait ihres Vaters. Halbes Seitenprofil, lächelnd – ein schöner Mann.

»Ja, ist das nicht fabelhaft? Und wie gut das noch erhalten ist...«
Bildhauer wollte er werden. Da sich für ihn aber keine Ausbildungsmöglichkeit auftat, entschied er sich für den Beruf des Fotografen. So weit voneinander entfernt, wie das heute klingen mag, war das nicht. Es waren Maler und Literaten, die diese ›neue Kunst‹ in ihrem Entstehen wesentlich beeinflusst und entwickelt haben. Vom ersten Augenblick an wurden an die Kamera und die fotografische Platte die höchsten künstlerischen Ansprüche gestellt. Die Kunst der Portraitfotografie, die um die Mitte des 19. Jahrhunderts aufgrund vereinfachter fotografischer Verfahren einen ganzen Berufstand und viele Ateliers entstehen ließ, war hoch angesehen. Der Fotograf selbst, ein verehrter Künstler. Die Portraits hatten zur damaligen Zeit eine hohe Anziehungskraft und man ahnte, dahinter steckt ein großes Können: Einfühlung in die Geheimnisse der Persönlichkeit, Beherrschung der Technik – die Erwartungen der Abgebildeten durften nicht enttäuscht werden, eben weil es sich um Fotografie handelte – aber gleichzeitig musste man auch die Tricks beherrschen, welche die gnadenlose Wirklichkeitsnähe der Fotografie zu mildern vermochten.
Bei einem dieser angesehenen Fotografen in Frankfurt an der Oder lernte Max Ebel. Er konnte gut malen und retuschieren. Kolorieren war, neben seinem Talent zu ausgewogenen Bildkompositionen, ob im Atelier oder im Freien, seine große Stärke. Oft übermalte er die Bilder mit Öl. Er fotografierte Landschaften, wie sie ein romantischer Maler nicht besser hätte malen können, er nahm Genre-Szenen auf und portraitierte.
»Das Bild hat der Hof-Fotograf Kindermann gemacht. Bei dem mein Vater gelernt hat. Der wollte mit ihm ein neues Objektiv ausprobieren, das Perscheid-Objektiv. Sehen sie mal, wie der Rand veschwimmt und die Bildmitte ganz scharf ist.«
Nicola Perscheid war einer der wichtigsten Bildnisfotografen vom Anfang des 20. Jahrhunderts, Meister der eleganten Portraitfotografie und stimmungsvoller Situationsstudien. Er hatte ab 1905 ein eigenes Lehrinstitut für künstlerische Portrait- und Landschaftsfotografie in Berlin. Das Bild entstand 1927, als Max Ebel selbst schon ein gestandener Fotograf war. Er und sein Umfeld wurden von den neusachlichen Experimenten der zwanziger Jahre und den Stilen und Formalismen, die daraus entstanden, anscheinend nicht erfasst. Max Ebel befand sich Zeit seines Lebens in der Tradition der ›weichen Fotografie‹, die durch verschiedene Kopier- und Reproduktionskünste die Präzision des Lichtbildes aufzulösen suchte und die reizvolle Flüchtigkeit anstrebte. Er bevorzugte den malerischen Vortrag und

war Meister des manuellen Eingriffs, was einen nicht unwesentlichen Einfluss auf die Art und Weise der Fotografie seiner Tochter Ilse hatte.

Unter diesem Vaterportrait befindet sich ein Rahmen ganz aus Perlmutt, Jugendstil, mit Seidenstreifen, ein Steckrahmen. Da hat Ilse Ebel ihre Leute beisammen. Er enthält Fotos ihrer Eltern, als sie schon hoch betagt waren, ihrer Nichten und anderer Verwandter, ein Bild auch von der ›guten alten Anna‹, der Haushaltshilfe der Familie – bei der sich alle einig sind: sie war eine Seele von Mensch und ein guter Geist in diesem Hause. Mehr ist von ihr nicht geblieben. Aber auch nicht weniger.

Das Meer von Günter Fink. Ein friedliches Meer, der Betrachtung ganz preisgegeben und doch alles verbergend. Ein Ölbild vom Holsten-Tor. Lübeck, auch eine Stadt, in der sie mehrere Wochen in einigen Wintern verbrachte, bei Gertrude Fricke, ihrer Freundin aus der Schulzeit. Frau Fricke ist nun auch schon tot. An der Wand daneben: ihre Hunde. Der Langhaardackel Seppel, der Foxterrier Laska und der Welshterrier Axel. Auf ihn tippt sie mit dem Finger –
»Den hat mir Palucca geschenkt. Da war nämlich mein kleiner Foxterrier verstorben und da sagte sie: Nee, also das geht nicht! Sie müssen wieder einen Hund haben. Die beste Medizin gegen das Leid, wenn ein Tier stirbt, ist ein neuer Hund. Ich habe mich erkundigt, der Tierarzt auf Rügen hat gerade Junge und da hab ich einen für sie bestellt. So war sie. Den holte ich dann mit Paluccas Wirtschafterin in Bergen ab. Und am nächsten Morgen wurde er von Palucca begrüßt. Und da schnappt der doch in ihre Hand!... Aber das war für sie kein Problem!...
Palucca war ein großer Hundefreund. Wir haben oftmals mit ihnen Wanderungen gemacht... Sie liebte überhaupt sehr die Tiere.«
Ilse Ebel sucht in einem der Umschläge mit den Fotos.
»Hier! Das ist mein Dresdner Orang-Utan-Freund, steht hinten drauf. Ist das nicht toll?«
Das Bild zeigt Palucca in enger glücklicher Umarmung mit einem zottigen Affenkind.
»Sie war oft im Zoo. Mit ihren Schülern auch. Sie sollten die Tiere beobachten. Die Bewegungen.«

Hatten Sie noch andere Tiere als die Hunde?
»Ja! Viele! Wir hatten zu gerne Haustiere... Katzen, Hühner, Schafe, Kaninchen... Meine Mutter war besonders dafür. Auch für das Gärt-

nerische. Hinter dem Haus wurde ein kleiner Garten betrieben. Mit Gemüse. Also nicht hinter diesem Haus hier, sondern nebenan. Da haben wir ja vorher gewohnt, bei Hoffmann.«
Von 1938 bis 1948 bewohnte die Familie im südlichen Nachbarhaus des Efeuhauses die unteren Räume. Heute Norderende 116. Die Hausnummer von damals weiß Ilse Ebel nicht, sie kann sich nicht daran erinnern, dass Hausnummern auf der Insel jemals gebraucht wurden.
1948 bezog die Familie dann eine Hälfte des Efeuhauses, das damals Frau von Blücher gehörte und noch ein Haus mit Petroleumlampe, Wasser von der Pumpe und Plumpsklo war. Bis zum Tod ihrer Eltern lebte Ilse Ebel hier mit ihnen gemeinsam.

Neben dem Ofen dann eine Lithographie von der Klosterkirche in Neuruppin. Darunter ein Rahmen mit den wichtigsten Fotos aus die-

Annas Hände

ser Stadt, in der die Familie bis 1938 lebte. Sie holt ihn ins Licht. »Stadt von Fontane und Schinkel« sagt sie stolz und zeigt auf die Standbilder der beiden Herren. »Neuruppin ist eine wunderschöne Kleinstadt und hat eine wunderbare Umgebung, viele Seen und Wälder – nicht zu vergleichen mit unserer Insel, aber auch schön.«
Ihre Schule. Ilse Ebel besuchte hier für 10 Jahre das Mädchenlyzeum. Sie liebte die Fächer Musik, Literatur und Zeichnen. Aufsätze schreiben hat ihr gelegen und das Französische. In der Aula hatte sie Gesangsunterricht. Sie war im gemischten Chor mit den Jungs vom Humanistischen Gymnasium, der des öfteren kleine Konzerte gab. Tanzunterricht hatte sie – Tanz und Anstand wurde da gelehrt und ohne Französisch ging auch das nicht, wenn es einem im gesellschaftlichen Umgange an nichts fehlen sollte. Theater hat sie auch ausprobiert, Verkleidefeste mochte sie sehr und Maskeraden. Schon in der Schule hat sie gern fotografiert. Sie hatte zwei Freunde, zwei Jungs aus gutem Hause, Söhne vom Filialleiter der Bank, mit denen sie spielte und gern auf einem altem Dachboden herumtobte. Kommt nun hier doch noch das grand fênetre du pignier ins Spiel? Aber nein.
»Wir wärn uns doch nie auf´n Pelz gerückt! – so wie heute – wo die schon mit sechzehn... Nein! so was gabs nicht. Immer alles tadellos.«
Der Rahmen kommt wieder auf den Nagel.

Ein warmer, voller Raum, dieser Wintersalon der Ilse Ebel. Am 1. März des Jahres 2002 kann sie ihn kaum noch betreten. Ein Meer von duftenden und leuchtenden Blumen, ein Tisch und der halbe Fußboden mit Geschenken bedeckt, ein anderer Tisch mit Post – Ilse Ebel ist 90 Jahre alt geworden. Oh ja – der Kreisschluss ihres Lebens bringt ihr alles zurück.
Einen Tag später feiert sie im HENNI-LEHMANN-HAUS ihren Geburtstag. Der Raum war auf festliche Art verwandelt worden und füllte sich schon zum Nachmittag. ›Ilse Ebels Café‹. Zu beschreiben wer von weit her kam, um mit ihr zu feiern, wer von der Insel da war, wer warum und ohne ein Wort dies vermied, wer half, die Feier auszurichten, wer sie mit einer Geldspende oder durch Preisnachlass unterstützte, warum die Ilse-Ebel-Ausstellung nur einen Tag hing oder weshalb es fast zu einem kleinen Eklat gekommen wäre, ist eine eigene Erzählung wert.
So viel nur: zehn kurzweilige, interessante und fröhliche Stunden dauerte das Fest mit Ilse Ebel, deren Charme und Munterkeit auf alle ansteckend wirkte. Die Ortbereiterin, der diesmal der Ort bereitet worden war, hatte auffällig viele feinsinnige Menschen zusammen-

geführt, die diese Stunden des guten Gefühls sichtlich genossen. Als Ilse Ebel den Schneewalzer tanzte, den ihre Gäste aus Ermangelung einer Konserve sangen und klatschten, zeigte sich sogar das Wetter im Einvernehmen mit der angeregten Gesellschaft, denn wie auf Bestellung ging ein kurzer Schneesturm ums Haus. Erst weit nach Mitternacht konnte man eine Gruppe Menschen mit Lampions in Richtung Efeuhaus ziehen sehen und ihr Singen hören. In ihrer Mitte Ilse Ebel, hinter deren Lachen an diesem Abend ihr Mädchengesicht aufblitzte und die ihre Lebendigkeit ausgiebig mit all der Zuneigung angefüllt hatte.

Ilse Ebel hier am Strand von Sellin um 1915/16

Einblicke in Augenblicke

Haben Sie Fotos von sich?
Ich würde sehr gern wissen, wie sie als Mädchen, als junge Frau ausgesehen hat. Sie überlegt. Sie überlegt lange. Mir wird klar: Fotografen stehen hinter der Kamera, nicht davor. Doch dann springt sie plötzlich auf und eilt aus dem Zimmer. Wenig später höre ich ein Scharren. Sie zerrt eine Holzkiste hinter sich her.
»Hier ist noch so einiges... na, wolln mal sehen...«
Sie öffnet die Kiste. Wunderbar! Eine ganze Kiste voller Augenblicke. Andere Menschen aus ihrem Zeitalter haben eine kleine Blechschachtel mit den vier wichtigsten Aufnahmen: die Hochzeit der Eltern, die eigene Hochzeit, die Kinder, der Mann als Soldat, meist mit einem schwarzen Streifen...
Die Fotoalben der Familie Ebel. Schwere Deckel, brüchiges Pergament. Manchmal eine saubere Schrift, in weiß. Die Seiten riechen alt, verzaubern die Sinne, sofort ist es wie bei einem Schatzfund. Wir schauen beide neugierig hinein.

»Sehen sie mal hier! Ich – wie ein kleiner Junge... Das war in Sellin auf Rügen, da hatten meine Eltern ein Haus und ein schönes großes Tageslichtatelier.«
Ein Bild zeigt es. Eine sehr großzügige, helle Villa mit Loggia, an der Hauswand steht in jugendstiliger Schrift: PHOTO-ATELIER REMBRANDT. Die ungehemmt buddelnde Ilse Ebel im Alter von 3 Jahren am Strand von Sellin bleibt das einzige ungestellte Bild von

Ilse Ebel "hingegossen auf das Kanapee", 1918

ihr für die nächste Zeit. Man sieht sie in allerlei Kostümen und Trachten und –

»Mensch, hier! wie er mich hingegossen hat auf das Kanapee!«

Ein paar Genre-Szenen des Vaters sind auch eingeklebt. Eine ihrer Tanten als Fischerin. Im Hintergrund das Meer. Eine perfekt gemalte Kulisse. Ihr zu Füßen ein Anker, hinter ihr ein Netz auf dem Boden. Eine Ausflugsgesellschaft am Strand – die unausweichliche

Tante Liene als Fischerin

Katharina und Max Ebel im Atelier in Sellin

Staffage: herrlich aufgetürmte Wolken auf der Leinwand und davor ein Strandkorb. Ein Lichteinfall, der einen Sommer glaubwürdig macht. Dann: Die gleiche Kulisse, ein anderes Licht, und schon ist Winter. Die Personen tragen Strickmützen. Auch die Wolken sehen jetzt anders aus. Es folgen: Max und Katharina Ebel als Fischermann und Fischersfrau.

Fotos von Ilse Ebel und ihrer Schwester Emma, die eine blond, die andere dunkel. Auf den gemeinsamen Bildern, die vom Vater inszeniert wurden, tragen sie ähnliche Kleidung, mal eine keusche Tracht – schwarze Kleider und weiße Spitzenkragen, mal sind sie Sommerkinder im Matrosenlook oder Dirndl. Wie Emma ihre kleine Schwester immer berührt, spricht von einem zärtlichen Gefühl.
Zwei Bilder sind nebeneinander geklebt, sie zeigen die Schwestern beide ungefähr im Alter von 14 Jahren. Emma Ebel wirkt sehr feminin, emotional, einen Hauch mystisch. Von Ilse Ebel, die zierlicher ist, geht eine fast forsche Klarheit aus. Emma trägt die Namen der Muttermutter und der Vatermutter, Emma und Katharina.
Heißen Sie nur Ilse?
»Ja, ich bin schon moderner, hab bloß den einen Namen.«
Emma Katharina Ebel, 6 Jahre älter als Ilse Ebel, ging früh aus dem Haus, heiratete mit 21 Jahren den Gustav Berg – einen sehr tüchtigen Apotheker, wie Ilse Ebel sagt, der es später zum Herrn Oberpharmazierat gebracht hatte.

»Ja – der wusste, was er wollte. Er war sehr...« sie klopft auf den Tisch »aber ich muss sagen, der hat mir auch immer beigestanden. Ja, doch, der war fabelhaft.«
Emma Ebel bekam zwei Töchter. Die eine blond, die andere dunkel. Die eine ist Augenärztin geworden, die andere Lehrerin und zudem auch zur Fotografie gekommen. Emmi, wie Ilse Ebel ihre Schwester nennt, ging 10 Jahre zur Schule, hatte auf einem alten Rittergut in Köpernitz bei Rheinsberg ein Hauswirtschaftsjahr absolviert, ansonsten aber keine berufliche Ausbildung verfolgt. Ilse Ebel blieb bei den Eltern und übernahm das Geschäft. Mit ihrer Schwester hat sich Ilse Ebel bis zu deren Tod gut verstanden.

Ilse Ebel mit ihrer Schwester Emma, ca. 1920

Max Ebel in Uniform, mit Zigarre. Ilse Ebel mit Schulranzen daneben.
War Ihr Vater im Krieg?
»Nein, nicht das ich wüsste. Das ist hier nur für das Bild. Er war, glaub ich, Röntgenfotograf.«
Röntgen war damals ein nicht so einfaches Verfahren wie heute, weswegen es besser war, wenn es von Fachfotografen ausgeführt wurde. In komplizierten Arbeitsgängen wurden Schattenbilder erzeugt, in denen die verschiedene Durchlässigkeit der Schichten auf einem Bild zum Ausdruck kommen musste. Eine Erfindung, die auf Ernst Mach's Röntgenstereoskopie zurück geht und die, wie so viele Erfindungen, in Kriegszeiten ungeahnte Wichtigkeit erlangte.

1922. Baden in Leinenunterkleidern. ›Paddelpartie‹ Feingliedrig und unsicher sitzt Ilse Ebel hinter einer ihrer Tanten im Holzpaddelboot und versucht das Boot zu dirigieren.
»Ja, das war in Neuruppin. Meine Eltern waren im Paddelverein. Da haben wir oft Wasserwanderungen gemacht.«
Ilse Ebel erlebt heute noch, wie sie das Boot in einer Schleuse bei Ablassen des Wasserspiegels fast zum Kentern brachte, weil sie sich sehr fest und sicher an den Eisenschlaufen festgehakt hatte.

1926. Fotos von der Tanzstunde, Spielszenen. Die Freundinnen. Ilse Ebel sitzt lachend auf einer Kanone. 1927. Verkleidefest – sie mit Schnurrbart und Frack in der Haltung selbstgefälliger Männer. Den Bauch nach vorn gereckt, sonst eher rückwärts gebeugt, eine Hand in der Hosentasche, den Rockschoß nach hinten geschlagen.

›Ilses Einsegnungstisch. 1. April 1928!‹ An diesem Tag wurde Ilse Ebel in der evangelischen Pfarrkirche zu Neuruppin zum Empfang des heiligen Abendmahls zugelassen. (1937 wird sie gemeinsam mit ihrer Mutter aus der Kirche austreten.) Auf dem Tisch: die Bibel, viele andere Bücher auch, Blumen, ein Karton mit Löffel, Messer und Gabel, ein sehr edles Necessaire und daneben ein großer Koffer! Das Notwendige eben.

Ausflüge mit einem offenen Automobil. Reisen war eine Lieblingsbeschäftigung der Familie.
»Ja! Überall wo was los war, sind wir gewesen...«
Sie besuchten sehenswerte Orte und Veranstaltungen, reisten zu Messen und Weltausstellungen – und wo man war, wurde fotografiert. Ein Zauberwald irgendwo, Denkmäler, alte Kirchen, Märkte,

Stralsund, Flensburg, das Vogtland, Rügen, Saßnitz, Neustrelitz, Niebüll, Potsdam und Sanssouci, Berlin...
1925. Das Aquarium vom Zoo. 1929. Das Berliner Schloss. Die erste deutsche Eisenbahn auf der Deutschlandausstellung. 1936. Die Olympischen Spiele die Entzündung des olympischen Feuers im Olympiastadion. ›Der Fahneneinmarsch‹. ›Dr. Göbbels fährt ab‹ 20.000 heben die Hände. Reichshauptgebäude Wilhelmstraße Hakenkreuzfahnen. Der Berliner Dom. Einmal aus der Ferne aufgenommen so dass Blumen im Vordergrund die Fahnen verdecken daneben ein Bild auf dem man sieht wie die Fahnen den Dom ersticken. Ein Foto von der ›Neuruppiner Frauenschaft‹.
»Ich weiß auch nicht wieso ich das aufgenommen habe. Mit denen hatten wir es nicht so.« sagt sie verwundert.
Aber Berlin gefällt ihr.
»In Berlin wurde ich geboren... am ersten März. Neunzehnhundertzwölf. Mensch Kinder – wie die Zeit vergeht...« Sie sinniert eine

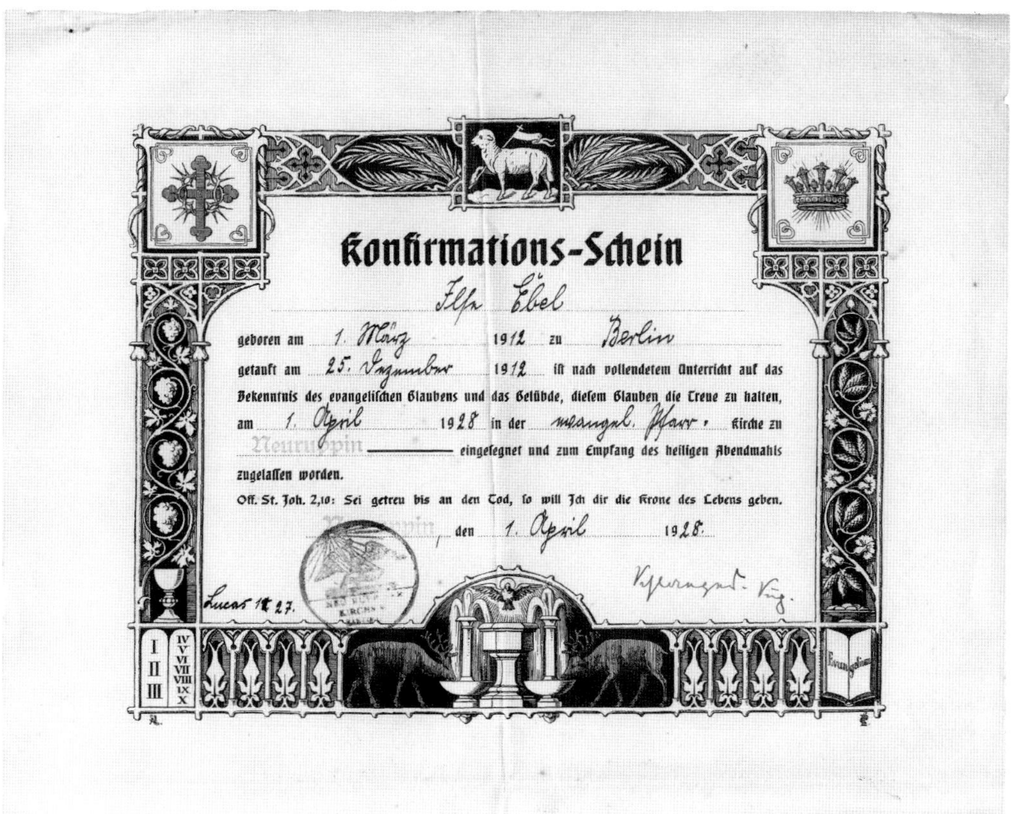

Konfirmations-Schein

Else Ebel

geboren am 1. März 1912 zu Berlin

getauft am 25. Dezember 1912 ist nach vollendetem Unterricht auf das Bekenntnis des evangelischen Glaubens und das Gelübde, diesem Glauben die Treue zu halten, am 1. April 1928 in der evangel. Pfarr- Kirche zu Neuruppin ―――― eingesegnet und zum Empfang des heiligen Abendmahls zugelassen worden.

Off. St. Joh. 2,10: Sei getreu bis an den Tod, so will Ich dir die Krone des Lebens geben.

Neuruppin, den 1. April 1928.

Lucas 1, 27.

Sekunde, dann hebt sie gänzlich sorglos den Blick: »Denkste denn, denkste denn, du Berliner Pflanze, denkste denn, ick liebe dir, nur weil ick mit dir tanze...« Sie lacht.
»Was? sie kennen das auch?« Sie staunt darüber, dass sich dieser alte Gassenhauer bis zu mir gehalten hat. In Berlin wohnte die Familie in der Krefelder Straße 4, einer kleinen ruhigen Straße in der Nähe der Spree im Bezirk Tiergarten, der auch damals schon zum Stadtgebiet von Berlin gehörte. Doch diese Stadt war nur ein kurzes Intermezzo zwischen San Remo, Sellin und Neuruppin. Bevor der 1. Weltkrieg begann, ging die Familie nach Sellin. Nach dem Krieg ließen sie sich in Neuruppin, in der Präsidentenstraße 67 nieder und eröffneten dort in der Stein-Straße 23 ein neues, zwar etwas bescheideneres, aber dennoch bald sehr bekanntes PHOTO-ATELIER REMBRANDT. 1930 kam ein Laden hinzu: FOTO-EBEL. Hier wurden Fotografien, Fotoapparate, Filmkameras, Messgeräte und anderes technisches Zubehör, Chemikalien, Filme, Platten und so weiter verkauft. Fotos von der Geschäftseröffnung. Weiter links und weiter rechts hängen schon die Fahnen. Mitte der dreißiger Jahre wurde in Neuruppin nur noch dieser Laden betrieben. Das Haus mit dem großen Atelier in Sellin war längst verkauft, das Atelier in Neuruppin brachte nicht mehr genug ein. Durch Währungsreform und Wirtschaftskrisen hatte auch diese Familie Einbußen erlitten.

Spaziergänge durch Wälder oder Parks. Picknick am See. Fast immer sind mehrere Menschen auf den Bildern zu sehen. Tanten, Bekannte, Vereinsleute, Nachbarn, Freundinnen und Freunde (viele Frauen, selten Männer, fällt mir auf). Ein zu anderen Menschen abgekapseltes Leben führte die Familie nicht.
»Bei uns war immer was los« sagt Ilse Ebel »immer Betrieb.«
Ist das in Ihrer Familie schon immer Tradition gewesen, oder warum war das so?
Sie zuckt verdutzt mit den Schultern.
»Na, weil es schön ist, mit anderen zusammen zu sein, nicht?«

Ab 1927 gibt es Bilder von Ferien auf Hiddensee. Ausflüge in die Inselnatur in hellen Kleidern, mit Hut, in Schlips und Kragen. Ilse Ebels Mode war nicht betont feminin, eher salopp. Lustige, kesse Hüte trug sie gern und große moderne Mäntel, etwas derb, ihre Zartheit bedeckend. Emmi wirkt lebensfroh und selbstbewusst. Ilse Ebel eher zurückhaltend, dennoch neugierig. Ja – sie nahm teil am offensichtlich aufgeblühten Leben der Schwester, aber es ist nur eine leichte Libertinage an ihr zu sehen.

1929. Ilse Ebel ist 17. Schnappschüsse, die sie ausgesprochen keck zeigen Im Badeanzug gymnastisch verrenkt, mal über Zweien oder unter Dreien Faxen und Dollerei Posieren für die Kamera Es war ein wunderbarer Spaß der neuen Zeit, im Bilde sein zu können Der Strand gehört den jungen Frauen, mit denen sie in diesen Sommern war Aus den Fotos dringt dieses aufkeimende Weiberbewusstsein, das unauslöschlich zu den Zwanzigern gehört, diese offen zur Schau gestellte Lebenslust

Mit einer Freundin beim Paffen

Haben Sie eigentlich mal geraucht?

»Na ja – ich hab es mal probiert Aber es war zu widerlich « Sie hustet demonstrativ und wedelt imaginären Rauch von sich »Und es ist ja auch so, dass es nicht gut ist Und so wie manche, die es nicht mehr lassen können, die davon abhängig sind nee, also so möchte ich nicht leben «

1929 Das Fotohaus war gebaut Ilse Ebel davor, dahinter, daneben auf dem Fensterbrett Den Sanddornbusch, der heute prächtig am Fotohaus steht, den hat sie gepflanzt Wasserflugzeuge am Landungssteg in Kloster 1930 Der Zeppelin über der Insel, die CAPRIVI bringt Gäste, Überfahrten nach und Abfahrten von Hiddensee, Segeln im Boot von einem Fischer, der hinten am Ruder sitzt Dazwischen immer wieder lustige Bilder mit Hunden, Katzen und anderem Getier Ein ganzes Album gibt es allein davon 1933 Man sitzt in den Wiesen, man sonnt sich in Liegestühlen, geht baden, wandelt am Meer entlang, trinkt Kaffee in einer der Gaststuben, Esel fressen den Kuchen weg

Auf den Hiddensee-Bildern ist nichts von einem drohenden Unheil zu sehen (wie auch, wer hier nach Hitlers Machtergreifung Zuflucht suchte, war wohl auf inneren Frieden aus), aber man weiß ja, dass auch auf der Insel die Zeit der unheiteren Sprüche anbrach

Als die Familie 1938 hier Wohnsitz bezog, waren auch auf Hiddensee, wie andern Orts, inzwischen alle Strukturen und Organisationen der ›Bewegung‹ entstanden Viele der prominenten Gäste hatten die Insel längst verlassen, waren aus Deutschland emigriert, mit Berufsverbot belegt oder hatten andere schlimme Sorgen, zu denen der Genuss einer Sommerfrische kaum passte Familie Ebel hatte hier ihren Rückzugsbereich gefunden

Kinderreigen und Flötenspiel im Garten – friedliche Bilder mitten im Krieg Stille Fotos Hiddensee ist verschneit Ilse Ebels Nichten auf dem Schulweg Die Insel ist nicht bombardiert worden

»Ja, da hatten wir großes Glück Hier haben sie nichts abgeworfen

Aber wir sahen immer auf Rügen die Bomben runtergehen, das war schrecklich.«

Während des zweiten Krieges wurden von Ilse Ebel und ihrem Vater die Familien auf der Insel fotografiert, die diese Fotos ihren Soldaten ins Feld schicken wollten. Doch das reichte sicherlich nicht, um die inzwischen größer gewordene Familie über Wasser zu halten.

Ilse Ebels Schwester und ihre beiden Töchter waren aus Berlin angekommen sowie Helga, ein Kind aus der Berliner Nachbarschaft und Raissa, eine russische Fremdarbeiterin, die putzte und auf die

Kinder aufpasste. Sie waren vor dem Krieg geflohen und lebten von 1942 bis 46 auf Hiddensee. Emmas Mann schickte aus der Ukraine sorgsam in Sanitätsmull verpackte Eier und Speck, die er dort gegen Verbandszeug eintauschte. Jeden Abend um 17 Uhr standen die Kinder an der Hiddenseer Post und warteten auf die Päckchen und Briefe. Katharina Ebel hegte und pflegte den Gemüsegarten hinterm Haus und besorgte die Ernte. Sie pflegte die Tiere, die man essen oder sonstwie nutzen konnte. Für das wenige Geld, das man hatte, holten die Kinder die Milch in der Kanne von den Höfen in der Nachbarschaft, wo es überall Kühe gab, und das gemahlene Korn aus der Mühle, das von den Feldern hinter dem Haus kam. Fast alle Wiesen waren damals Nutzflächen. Oder man tauschte gleich Fotos gegen Sahne.
Nach diesem Krieg kamen die Russen.
»Die waren ganz versessen auf Fotos. Immerzu wollten die fotografiert werden. Wir haben uns doch nicht geweigert... und wir dachten, wenn wir das nicht machen, werden die vielleicht noch rammlig, nicht?... Und die brachten uns dafür Butter. Also gehungert haben wir nicht. Nicht im Krieg und nicht danach.«

Ein paar lose Bilder. Ein Ilse Ebel-Portrait von 1935. Sie ist 23 Jahre alt. Sie wirkt sehr introvertiert, fast durchscheinend. 1940 ein

Portrait, das Mila Planck, ihre Mentorin in Bielefeld, aufgenommen hat. Man sieht das Bild einer selbstsicheren Frau, mit Uhr und Schmuck (das fällt auf, weil sie sonst niemals Schmuck an sich hatte), die mit Verve an die vor ihr liegenden Aufgaben gehen wird. Eine Geschäftsfrau. Etwas war geschehen. Lag das an den Einflüssen der Frau Planck, unter deren Fittichen sie sich zu der Zeit befand, oder an der Begegnung mit deren Sohn? Daran, dass sie eine angehende Meisterin war? Von dem Mädchen jedenfalls war nichts mehr an ihr.

Ilse Ebel mit Dackel, ca. 1935

Das wars. Mehr Aufnahmen gibt es nicht bis auf ein paar ganz wenige Schnappschüsse vom Hofleben hinterm Efeuhaus. Erst wieder ab circa 1980 geht es weiter. Ilse Ebel mit Blumen, Ilse Ebel auf der Straße, Ilse Ebel im Gespräch, Ilse Ebel mit ihren Gästen... Fotos der Menschen, die ihr zugetan sind, auf denen sie fast ausnahmslos ungezähmt lacht.

Ilse Ebel, ca. 1929

Ilse Ebel, 1940

Ilse Ebel im August 2000

Ich bin nicht immer bloß darauf aus, was hab ich davon!

Materieller Besitz, Eigentum, ist ihr nicht viel wert. Viele der Möbel in ihrer Wohnung sind auf den Fotos mit ihren Eltern auch schon zu sehen. Das meiste davon, wie auch ihre Fayence aus Hiddenseer Ton – ein Stück aus der Porzellanfabrik der Familie Giese – und die Kunstwerke, die sie noch besitzt, ist zum Weitergeben reserviert. Ihre Schallplatten hat sie an eine junge Frau, die klassische Musik studiert und sich die Platten nicht hätte leisten können, verschenkt. Ebenso die meisten ihrer Kunstbände. An eine andere. Oft erfüllt sie jede an sie gerichtete Bitte in bezug auf die Verwendung ihrer Fotos gern und ohne irgendeine finanzielle Forderung.
»Ich bin nicht immer bloß darauf aus, was hab ich davon! Ach, Geld. – Und das Wichtigste im Leben kann ich mir sowieso nicht kaufen. Glück. Gesundheit. Oder?«
Sie verfügt nicht über das, was man Geschäftstüchtigkeit nennt. Sie ist da eher ideal veranlagt. Immer hat sie bereitwillig Dokumente, Erinnerungen und Erfahrungen aus ihrem langen Leben auf der Insel jedem zur Verfügung gestellt, der sie brauchte – mal um Familien in ihrer Traditionssuche behilflich zu sein, mal um Geschichten über die Insel illustrieren zu können, mal um Arbeiten von Instituten oder Universitäten zu dem einen oder anderen Künstler zu unterstützen. Auch bei der Fahndung nach verschollenen Büchern über diesen

oder jenen war sie behilflich. Sie verschenkt ihre Fotos an ihre vielen Besucher und gibt sie der Presse, die sie für Berichte über Hiddensee will. Dem Kinder- und Jugendhaus ALEXANDER ETTENBURG hat sie einen kompletten Diasatz von 400 Landschaftsaufnahmen geschenkt. Sie denkt, dass ihre Sicht auf die Insel, dass die Einmaligkeit, das Schöne, nur überleben kann, wenn die Kinder und alle sehen, wie es war, wie es ist, wie sie die Insel erlebt.
Das faszinierende Foto der Malerin Helene Herveling schmückt den Einband eines Buches und hat erheblich zu dessen Absatz beigetragen.
Im Restaurant AL PISCADORE – ein Italiener, der öffnet, wenn die Sonne ganz sicher ist und schließt, so bald das Klima sich anschickt, wieder rauher zu werden – steht ein Foto von ihrem Vater Max Ebel auf dem Klavier. Der hatte in der Zeit bevor seine Tochter Ilse geboren wurde, eine Fotofiliale in San Remo, wo er sich im Winter aufhielt. Das Foto zeigt ein altes Segelschiff im Abendlicht auf dem Mittelländischen Meer – wie Ilse Ebel es nennt. Sehr romantisch, sehr verträumt. Die Gaststätte war, als sie noch NORDERENDE hieß und von Italienern auf Hiddensee noch niemand etwas ahnte, ein Stammabendsitz ihres Vaters.
»Das passt doch gut!« findet sie.

Sie verschenkt ihre Dinge und verbreitet ihr Lebenswerk an Leute, die es erfreut. Und sie erfreut sich an glücklichen Gesichtern. Und ein bisschen räumt sie wohl auch auf. Eigentlich keine schlechte Idee es so zu machen. Erinnerungen, Gefühle, Momente hängen an den Dingen wie ein kleiner Spinnenwebfaden und schaffen eine Verbindung von ihrem Leben zu dem anderen.
Ilse Ebel lebte und lebt nicht für ein Haus, für Autos, Lagergeld, Schmuck oder andere derartige Sachen. Ihr Lebensglück hat sie aus einem anderen Stoff gewebt, den man vielleicht mit dem Begriff ›gesunde Welt‹ beschreiben kann. In ihr steckt die Vorstellung von einem Menschlichen, dass sich nicht in Effizienz erschöpft.
Durch ihr Handeln hat sie immer versucht, ihre unmittelbaren Umstände so zu gestalten, dass sie in ihnen existieren kann und Menschen um sich zu haben, die in diese Welt passen und in deren Welt sie einen guten Platz hat. Einige nennen so etwas Egoismus. Andere sagen dazu Lebenskunst.

Mit Körper, Geist und Natur im Einklang

Erst höre ich leise Schritte. Leichte Füße, die flink an meinem Bett vorbei schleichen. Später tippt eine Hand zart auf meine dicke Daunendecke und dieser Wohlgeruch, der immer morgens aus ihrer Schlafkammer dringt, umgibt mich. Ich schlage die Augen auf und sehe in ihr frisches, freundliches Gesicht. Ihre Augenbrauen sind leicht nachgezogen. Die Augen leuchten. Sie wünscht mir einen guten Morgen und sagt, dass ich mich jetzt fertig machen kann.
Ich betrete ihre Schlafkammer. Ein altes Holzbett mit einer ganz dicken Decke. Eine Waschecke. Auch hier überall Fotos. Ihr Großvater, ihre Mutter, ihre Nichten, ihr Vater nicht.
Ilse Ebel verehrte ihre Mutter sehr. Sie spricht betont anerkennend von deren Akkuratesse und ihrer Resolutheit. Es muss prägend für sie gewesen sein, dass Katharina neben Max ihr eigenes Leben lebte.
»Was soll sie sich da lange zanken... ihr ganzes Leben mit Zank und Streit verbringen? Wie so viele Frauen, die mit ihrem Kummer nicht fertig werden und immer unzufrieden sind? Da hat sie gesagt: Du machst deins und ich mach meins! Nein, die hat sich nicht unterkriegen lassen. Ist doch richtig! Soll sie sich denn Vorschriften machen lassen? Nüscht. Aus der Traum.«
Ilse Ebel bewunderte die Stärke und das Korrekte ihrer Mutter, ihre Bescheidenheit und Courage, sie steht in ihrer Erinnerung für Güte und Strenge – allerdings in ihrer Strenge für einen liebevollen und ehrlichen Weg entlang der Grenzen. Sie fühlte sich bei ihr geborgen. Von ihrer Mutter erbte sie die Zugänglichkeit zu allen Menschen, wie sie sagt. Den Lebensstil ihres Vaters lehnte sie ab.
»Mein Vater war beruflich tadellos... aber das andere... und das haben wir ihm auch zu verstehen gegeben.«
Aber sie hatte auch einiges von ihm geerbt: das Schlanke, die Liebe zur Fotografie, zum Bildhaften, diesen ausgeprägten Augensinn und etwas, das ein wenig abgerückt ist von den allgemeinen Konventionen, ein wenig abgerückt von den Erwartungshaltungen anderer – die Treue zum eigenen Rhythmus.

Neben ihrem Bett ein Leitfaden für die homöopathische Praxis und ein Taschenrepertorium der wichtigsten homöopathischen Mittel. Überall Flaschen mit Tinkturen, Ölen, Naturheilmitteln, Säften und Stärkungsmitteln. Alles von der WELEDA.
»Das kommt von den Anthroposophen« erklärt sie mir und flüstert fast, als ginge es dabei um eine Geheimwissenschaft. Ihre Mutter hielt von den Ansichten der Anthroposophen viel. In Ilse Ebels

Leben ist die Gottesidee dieser Lehre verloren gegangen, wie auch die der Christen. Sie ist kein religiöser Mensch. Die Essenzen der Ideen aber, die mit dem eigenen inneren Reichtum und dem Zusammenhang aller Dinge zu tun haben, sind in ihrem Leben gegenwärtig. Sie bringt sie auf die verkürzte Formel, dass innerhalb des Menschen alles im Gleichgewicht sein muss, weil er sich sonst nicht frei entfalten kann. Und wenn das Innere sich entfalten kann, ist der Mensch gesund. Ist er in sich im Ungleichgewicht, fühlt er sich krank. Sie ist davon überzeugt, dass die Heil- und Pflegemittel aus der reinen Natur in der Lage sind, ihren Organismus zu stärken, weil die körperlichen und geistigen Kräfte, die der Mensch in sich trägt, auch in intensiven Wechselwirkungen mit der Umwelt stehen. Sie fügt sie sich schon fast ihr ganzes Leben lang hinzu. Und es entspricht ihrer Lebenshaltung, dass diese Mittel nicht im Tierversuch getestet werden.

Diese Fläschchen hier werden zu Zeichen...
Denn auch für Ilse Ebels Fotografie scheint mir ein Schlüssel in dieser Geistesströmung zu liegen. In der Kunstauffassung der Anthroposophen, die der Goethes folgt, ist die Wirklichkeit das Material und der Künstler das Medium, das ihm hilft, sich durch ihn zu offenbaren.
Und auch für die Frauen kam von daher ein neuer heller Gedanke. In einer Zeit am Anfang des 20. Jahrhunderts, als andere noch fragten, ob Frauen überhaupt Menschen seien, verkündete Rudolf Steiner, der Begründer der Anthroposophie (dem Hiddensee übrigens auch nicht fremd war), einer aufgeregten Männerwelt, dass die Welt nur genesen kann, wenn ihr das, was ihr in den letzten Jahrhunderten abhanden gekommen war, wieder zugefügt würde. Und damit meinte er das Eigene der Frauen, das sich nicht in das bereits Gegebene bloß einfügen soll. Unerhört! Unerhört? Nicht ganz. Katharina Ebel, Ilse Ebels Mutter, hatte, ob sie nun wollte oder nicht, durch ihr Denken und Verhalten in ihrer Tochter Ilse wohl den Keim der Eigenart belebt.

Am Waschbecken steht ein Krug mit warmem Wasser für mich bereit. Früher ging Ilse Ebel immer morgens in die Ostsee. Nackt. Wie viele der hier Angelandeten es lieben. Ein Tun, dass auf diesem kleinen Land jedoch nicht unkommentiert bleibt. Wie auch die anderen ›Marotten‹ der Frau Ebel nicht. Ich hörte, dass sie bei einigen der alten Fischersfrauen nicht so beliebt sei, weil sie ja noch nie richtig gearbeitet habe – fotografieren sei doch keine richtige Arbeit – und

eben, na ja, was Besseres sein will. Sie putzt nicht selbst ihre Wohnung und lässt ihre Wäsche waschen. Außerdem ging sie nackt in die See und – ich rieche neugierig an einem der Fläschchen – gut möglich, dass sie sich noch den Körper einölt! ergänze ich die Liste der Unglaublichkeiten. Sicherlich Gründe genug, die Nase zu rümpfen. Die Menschen hier seien freundlich zu ihr, aber auch distanziert.
Ilse Billse – keiner willse? Ilse Ebel sieht das anders. Sie mag die Leute, findet sie alle recht nett hier. Sie meint, dass die Leute auch sie mögen.
»Mag ja sein, dass welche reden. Aber ich mach ja nüscht. Nichts, was ich nicht verantworten kann.«
Natürlich sieht sie die Menschen und die Dinge auch aus ihrem Blickwinkel, wählt sie die Nähe zu anderen aus ihrer Sympathie heraus – »... aber das tut doch schließlich jeder!« fügt sie die Augen aufreißend hinzu und weiß, dass sie vom Normalsten der Welt redet.
»Jeder hat doch was, das dem anderen nicht so behaglich ist.«
Doch sie für ihren Teil hat es nicht eilig damit, über jemanden ein Urteil zu sprechen. Und sie mischt sich nicht ein in die Dinge zwischen den Leuten. Was sie nicht sagen kann, kann sie nicht sagen.

Als ich aus der Kammer komme, ist der Frühstückstisch schon gedeckt.
»Morgens wie ein König, abends wie ein Bettelmann.« beginnt Ilse Ebel die Morgenkonversation, – und dazwischen ausgedehnte Spaziergänge, spreche ich ihr im Geiste hinterher – »Und immer viel an der frischen Luft! Ich bin immer unterwegs. Bei jedem Wetter.«
Wie haben Sie das nur angestellt, als Sie noch im Fotohaus arbeiteten?
»Ach – na ja, ich bin eben nicht den kürzesten Weg gegangen.«

Es gibt Obst, Toast und ganz leichten Kaffee. Oder Müsli mit Milch und Fruchtsaft. Die Servietten sind in Perlmuttringe gelegt. Sie trinkt ihren Kaffee immer aus einer weißen Rosenthaler Porzellantasse. Auch ein Geschenk. Ilse Ebel mag leichte und pflanzliche Kost. Ihre Mutter war Vegetarierin und hielt aus tiefster Überzeugung heraus nicht viel von dem Verspeisen von Tieren. Ilse Ebel ist auch kein Fleischesser. Mal eine Scheibe Wurst, ja. Aber das, was die Menschen jetzt so verdrücken, ist ihr unheimlich.
»Die werden ja immer größer und immer dicker!« hat sie beim Betrachten der Menschenmengen, die an ihr vorüber gehen, festge-

stellt. »Sogar die Männer! Die haben jetzt oft so einen Bauch und keine Haare mehr. Das kenne ich so gar nicht.«
Völlerei ist nicht ihre Sache. Und wie die Menschen mit den Tieren umgehen, die für den Verzehr bestimmt sind, gefällt ihr nicht.
Den Mittagsappetit stillt sie mit Suppen. Wenn sie unterwegs ist, kehrt sie gern in Gaststätten ein und nimmt eine Kleinigkeit zu sich. Im EISBÄR weiß man, sie mag Milchreis. Im INSELREIF hat sie einen Lieblingsplatz am Mittelfenster. Einige ihrer Fotografien schmücken die Wand. Hier wird sie sehr freundlich empfangen und mit ›gnädige Frau‹ angesprochen. Das genießt sie. In der KLAUSE kommt zu ihrer Kaffeebestellung ohne Aufforderung ein Eierlikör an den Tisch, den genießt sie auch.
Am Nachmittag empfängt sie im Efeuhaus ihren Besuch mit Kaffee und Kuchen. Oder sie ist schon wieder unterwegs – besieht die heutige Überraschung der Natur, ist bei Menschen, die sie kennt, geht an die Orte, an denen früher einmal Menschen waren, die sie kannte, sie trägt auch mal einer Kranken die Milch in die Heide, oder sie muss, wie jeder, Erledigungen machen.
Zum Abend wird es nicht ruhiger bei ihr. Bürozeit. Sie setzt ihre riesige Brille auf und widmet sich gewissenhaft dem, was vor ihr liegt. Sie sieht ihre Zettel durch, die Notizen von den Telefonaten, schreibt auf, wer was mit ihr wann vorhat, wer sie besuchen kommen will, welche Veranstaltungen sie nicht verpassen darf. Den Fernseher schaltet sie eigentlich nie an, was da raus und auf sie zukommt, gefällt ihr meistens nicht. Und nur so gucken, will sie nicht, das sei doch schade um die Zeit. Sie sieht ihre Post durch und liest Zeitung. Manche fragen sie, ob sie sich nicht langweilt. Darüber kann Ilse Ebel nur lachen.
»Ich hatte nie Langeweile! Ich war ja nie alleine – ich hatte meine Eltern, wir haben ja bis zum Schluss hier zusammen gelebt, meine Nichten waren hier, hier war immer was los, viele Leute, und dann der Beruf – ich hatte immer zu tun, bin doch immer selbständig gewesen!« sagt sie stolz.
Als ihre Eltern noch lebten, war sie oft im Winter auf der Insel. Gemeinsam mit ihrer Mutter unternahm sie dann kurze Rundreisen, in den Harz, nach Rügen... – später verbrachte sie die Winter in den Städten derer, denen sie Sommerquartier gegeben hatte: in Lübeck, Dresden, Berlin, Hannover, Stralsund, Potsdam, Neubrandenburg und Neuruppin. Hier besuchte sie Denkmäler, Sehenswürdiges, Theater, Opern, Schlösser, Museen, Straßen, Gassen, Gärten, Parks und die Buchhandlungen. Auch hier fotografierte sie. Den Nebel in verlassenen engen Gassen. Die aufgehende Sonne über den Dächern

schmaler, geduckter Häuser. Schneebedeckte alte Gemäuer. Stadtlandschaften.

Durch die Fotografie war sie immer ausgefüllt. Durch ihren Beruf und durch Palucca, sagt sie, habe sie viele Menschen kennengelernt. Viel Abwechslung in ihrem Leben gehabt. Und jetzt..., sie zeigt auf ihren Kalender:
»Na, sie sehen ja selber, was los ist.« Sie ist morgen schon um 10 Uhr mit jemandem verabredet, der sich einige ihrer Bilder ansehen möchte.

Während unserer Arbeit finden wir einen Artikel über Ilse Ebel mit der Überschrift ›Die alte Frau und das Meer‹. Der Artikel gefällt ihr. Aber: die alte Frau, wie sich das anhört, sagt sie.. Hemingway ist weit weg...
»Nun ja – ich bin ja keine 40 mehr, bin keine 50 mehr, keine 60 mehr, keine 70 mehr...« – ihre Stimme wird bei dieser Aufzählung immer lustiger – »keine 80 mehr – Mensch, wissen sie wie alt ich werde?«
Aber was bedeutet das? Ilse Ebel kann das auch nicht beantworten. Sie weiß nicht, wie man die Dinge von der Warte einer 90jährigen aus beurteilt. Wie man mit 90 gehen oder lachen sollte. Sie kennt nur die ihre. Und sie ist zufrieden. Es liegt ihr einfach nicht unzufrieden zu sein.
Aber auch an Ihnen ging das Unheil doch nicht einfach so vorüber?
»Na ja – Probleme gab es bestimmt mal. Aber damit darf man sich nicht aufhalten.«
Hatten Sie einen Lebensplan?
»... ?«
Hatten Sie eine Idee von ihrem Leben, gab es etwas, dass Sie unbedingt erreichen wollten?
»Man kann doch nicht vorher wissen, was alles so auf einen zukommt... Man muss doch se-

Winterimpressionen, Wernigerode, 1953

hen, was an einen herankommt und dann handeln. Man darf sich aber auch nicht in seinem Willen beirren lassen. Das Beste ist« sagt sie »man tut das, wofür man geboren wurde. Und lebt nach seiner Vorstellung. Dann muss man später auch nicht traurig sein.«
Man solle das Leben ergiebig leben und ohne Eile, fügt sie noch an, »sonst übersieht man doch alles...«
Alles geht von ihren Augen aus. Sie sind ihre Verbindung zur Wirklichkeit, mehr als ihre anderen Sinne. Daher auch formte sich, was Nähe bei ihr ist: Sie nimmt ein Gefundenes nur über ihre Augen ganz in sich auf. Unversehrt. Unverändert.
Gibt es etwas, dass Sie für sich sehnlichst wünschen?
»Ja. Ich will noch mal ein paar Besuche machen. In Berlin und in Dresden.«
Verraten Sie mir ihr Geheimnis?
Man müsse immer aufmerksam bleiben und in Bewegung, antwortet sie.
»Und dann... – ist es einmal Vererbung, aber auch die Lebensweise. Wie man sich ernährt, welche Einstellung man zum Leben hat. Manche sind mit 50 schon uralt... Die Jahre sind doch nicht das Entscheidende. Wie man sich fühlt, das ist wichtig!«
Ihr Denken kreist nicht um das Alter, Gebrechen und Krankheiten. Körperlich ist sie vom Schicksal begünstigt, auch hier hatte sie Glück – sie war, wie auch ihre Eltern schon, nie krank. Sie reißt die Beine hoch...

Das Schloß von Wernigerode

Das Christianental, Winter 1953

»Hier! Alles in Ordnung, hab keine Schmerzen. Meine Beweglichkeit gefiel Palucca ja auch immer... So lange ich beweglich bin und alles machen kann, spielen die Jahre keine Rolle...
Na ja, und dann – ich setze mich nicht hin und warte auf nüscht... ich überlege jeden Tag, was machste heute?... Was entdeckste heute wieder? Und da hab ich auch Glück – die Leute sagen nicht: ach was will denn die Alte... Sie sind alle ganz nett zu mir – ich kann mich wirklich nicht beklagen... Aber dafür muss man auch was tun.«

Sie hat Glück, ja – aber man muss dem Glück auch den Weg frei machen. Wir prosten uns zu und trinken ihr Nationalgetränk und sie lacht dieses Lachen, das ihren Frohsinn verkündet, das wie der Ausbruch eines unverbildeten, eines unbefangenen Inneren ist.
Auf ihrem Tisch steht eine kleine Vase mit Gänseblümchen, die ihr die kleine Tochter der Hausbesitzer, die den Sommer über hier waren, schenkte. Jedesmal, wenn sie die Ilse Ebel sah, pflückte sie ihr eines.

Das Holstentor in Lübeck, aus den 50er Jahren

Na, Palucca – Kaffee?

In Ilse Ebels Winterplauderzimmer wird ein Briefumschlag besonders gehütet: ein einfacher brauner Briefumschlag auf dem ein Wort steht: ›Palucca‹. Innenliegend: drei kleine Päckchen Briefe. Nach Jahrzehnten geordnet. Kein Schleifenband. Schnippsgummi. Bis hierhin also hält sie ihre tiefsten Gefühle unter Verschluss. Mehrere Briefe sind sorgsam geklebt.

»›...Liebes Fräulein Ebel, ich bin seit 2 Tagen aus der Schweiz zurück, versuchte Sie telefonisch zu erreichen, aber schaffte es nicht. So sollen sie wenigstens einen Gruß bekommen...‹« so beginnt sie die Vorstellung von Auszügen.
»›...Haben sie Wünsche? ...Kann ich ihnen aus Dresden etwas mitbringen?...‹
Ach wissen sie, sie war ja immer so... wenn ich einen Wunsch hatte... Mensch, ich traute mich schon kaum noch etwas zu sagen... und sie freute sich dann immer so, ja?
›...Ich denke immer an unsere gute Anna und natürlich an Sie... ‹« Zeilen aus dem Jahre 1967.
»›...Wenn ich doch nur oben sein könnte. Ich möchte Ihnen so gern helfen. Nach all den vielen traurigen Dingen hänge ich ganz besonders an Ihnen allen. Hier lebe ich nur für die Arbeit. Sonst bin ich allein. In der Schule fällt man wieder tüchtig über mich her. Diese Woche wieder 3x internationaler Besuch, das strengt an... / ...Hier ist alles trostlos. Eine schreckliche Leere... / ...als ich von der Trauerfeier kam, lag da eine Mahnung vor, daß ich Erbschaftssteuern erledigen müßte. Man wird so vor den Kopf gestoßen... / ...Was wird mit Annas Nachlaß? Vielleicht können Sie Frau Wolf ein Andenken geben, etwas was sie brauchen kann. Ich gebe von Frau Zwingenberger fest alles weg, aber wohl überlegt, konnte schon vielen Menschen damit helfen. Es ist eine traurige Aufgabe... / ...Das alles muss für sie sehr schwer sein... / ...Was ist das für eine Zeit für uns...‹
Ach ja – wissen sie, wir hatten eine gute alte Haushaltshilfe, die sich erbot, bevor Palucca kam, in ihrem Haus den Winterstaub zu beseitigen. Das war die gute alte Anna, wie Palucca später immer noch sagte. Und die war gestorben. Meine Eltern auch so in dieser Zeit. Und von Palucca die enge Mitstreiterin. Ja, das war nicht einfach...
›...Gestern 8 Stunden über das Buch mit Henschel-Verlag gesprochen. Man war von ihren Fotos sehr angetan. Will sie unbedingt mit hinein nehmen./ ...ich muß furchtbar für eine Farbfernsehsendung

arbeiten, komme einfach nicht zur Ruhe, aber sie sollen wenigstens einen Gruß haben und wissen, daß ich an sie denke... / ...das Telefon klingelt ununterbrochen werde ich die nächsten Tage schaffen?... / ...in der Schule werde ich schon wieder tüchtig in Anspruch genommen... / ...arbeite ohne Pause... meine Vitter Erholung ist schon ziemlich vorbei... / ...weiß nicht wie ich das alles durchhalten soll... / ...der Geburtstag hat immer noch Folgen. 900 Briefe!... / ...Heute die erste Stunde gegeben die Schüler sind richtig glücklich daß ich da bin. Die neuen kleinen Jungen waren sehr neugierig wie ich aussehe und standen schon ab 8 Uhr am Schultor dann haben sie sich einzeln vorgestellt und meinten ich sei ihre Chefin. Zu komisch...‹«

Im November 89 schreibt sie: »›...Ich hab die letzte Woche versucht zu unterrichten allerdings nur eine Stunde am Tag. Einfach ist es nicht für mich aber man hat mich in der Schule sehr gebeten in der aufregenden Zeit in der wir jetzt leben täglich dazusein...‹«

Aus ihren Briefen geht auch hervor dass sie immer spürte was die andere bewegte und wo bei ihr die Schwierigkeiten lagen.

»›...Meine Gedanken sind sehr oft bei Ihnen und es tut mir unendlich leid daß die Angelegenheit mit Ihrem Buch nicht zu ihren Gunsten entschieden worden ist. Nach wie vor finde ich Ihre Bilder ganz ausgezeichnet.../ ...scheußlich daß sie in geldliche Schwierigkeiten kamen... / ...Was ist mit Ihnen? Wir hören gar nichts... Hoffentlich kommen sie zurecht?... / ...Ich kann mir vorstellen daß es jetzt nicht leicht für sie ist... sind doch jetzt wahrscheinlich fast alle Freunde und Bekannten weg und der Winter vor der Türe... / ...als ich heute Ihren Brief bekam habe ich mich sofort mit der Tierzüchterin die hier alles unter sich hat in Verbindung gesetzt... Aber eben ruft Frau Döhlen noch einmal an. Sie war vor einigen Tagen mit dem Tierarzt Dr. Klötz aus Bergen/Rügen zusammen er hat seine Hündin in Prag decken lassen. In 3 Wochen weiß er ob die Hündin gedeckt wurde. Wenn ja dann bei ihm gleich einen Hund bestellen...‹«

Und sie schrieb ihr wenn sie innerlich sehr angestrengt sehr beansprucht war über die Jahrzehnte hinweg mit großer weiter Handschrift von ihrem Sehnen.

»›...ich denke oft an Sie und wünschte ich könnte in Vitte sein... / ...Ich denke immer gern an Ostern an Ihr gemütliches Zimmer mit dem tröstenden Ofen...‹

Ja! – sie war ja immer so froh wenn sie mal ein paar Wochen hier sein konnte. Als sie ihr eigenes Haus hatte kam sie manchmal bereits Ostern schon einige Tage nach Vitte auch wenn es geschneit hatte... Da hab ich auch noch Fotos.«

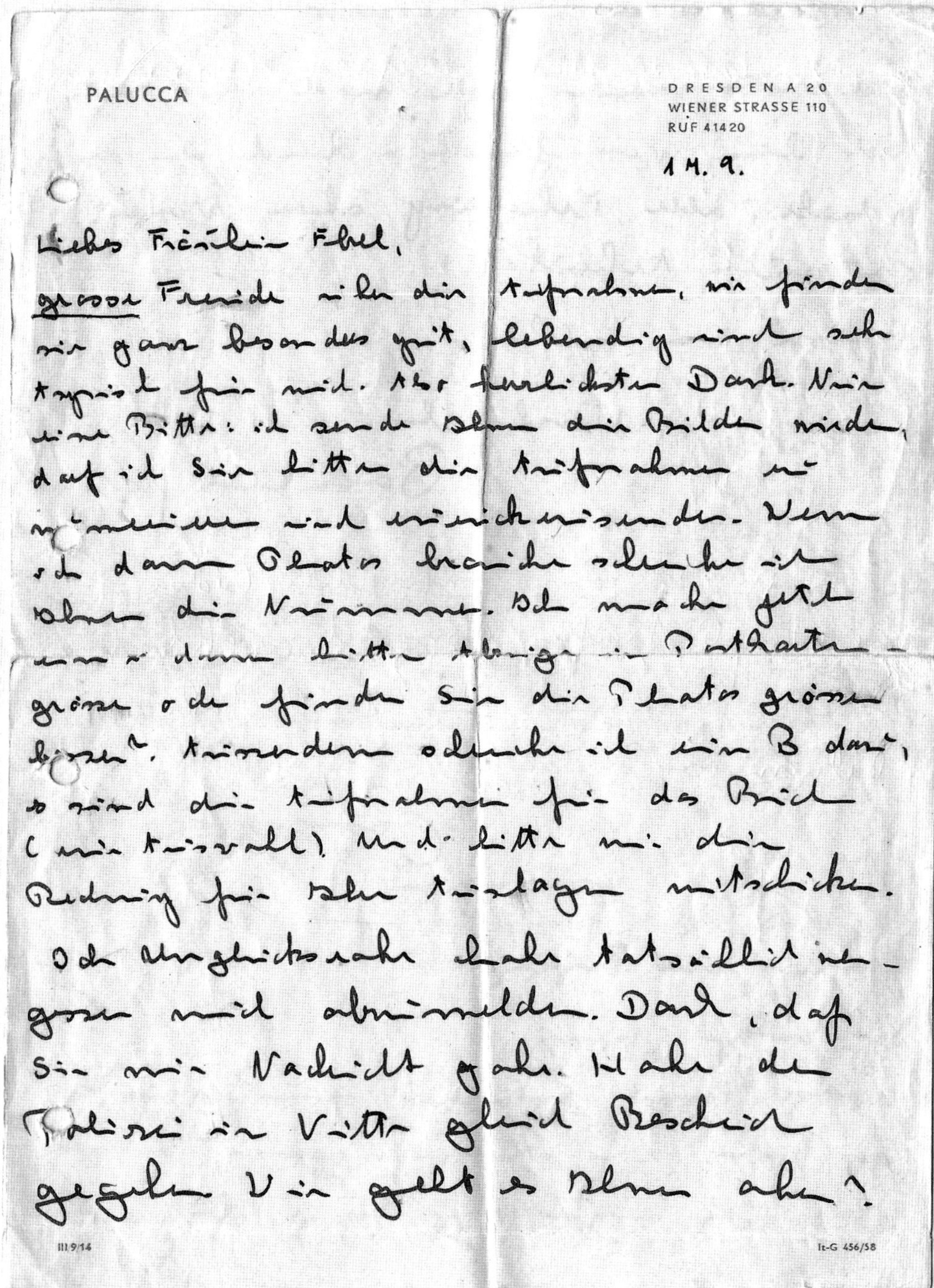

PALUCCA

DRESDEN A 20
WIENER STRASSE 110
RUF 41420

11. 9.

Liebes Fräulein Ebel,

grosse Freude über die Aufnahmen, wir finden sie ganz besonders gut, lebendig und sehr typisch für mich. Also herzlichsten Dank. Nun eine Bitte: ich sende Ihnen die Bilder wieder, daß ich Sie bitte die Aufnahmen zu numerieren und zurückzusenden. Wenn ich dann Photos brauche schreibe ich Ihnen die Nummern. Ich mache jetzt nur, dann bitte Abzüge in Postkartengrösse oder finden Sie die Photos grösser besser. Ausserdem schreibe ich ein Buch dann, so sind die Aufnahmen für das Buch (mit Auswahl). Und bitte mir die Rechnung für Ihre Auslagen mitschicken.

Ich Unglücksrabe habe tatsächlich vergessen mich abzumelden. Dank, daß Sie mir Nachricht gaben. Habe der Polizei in Vitte gleich Beschied gegeben. Wie geht es Ihnen aber?

III 9/14 Ii-G 456/58

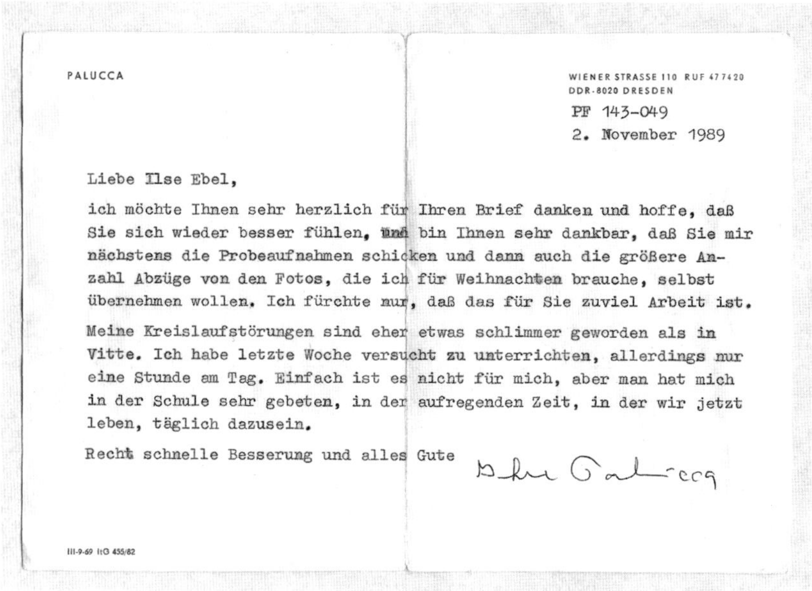

PALUCCA

WIENER STRASSE 110 RUF 477420
DDR-8020 DRESDEN

PF 143-049
2. November 1989

Liebe Ilse Ebel,

ich möchte Ihnen sehr herzlich für Ihren Brief danken und hoffe, daß Sie sich wieder besser fühlen, und bin Ihnen sehr dankbar, daß Sie mir nächstens die Probeaufnahmen schicken und dann auch die größere Anzahl Abzüge von den Fotos, die ich für Weihnachten brauche, selbst übernehmen wollen. Ich fürchte nur, daß das für Sie zuviel Arbeit ist.

Meine Kreislaufstörungen sind eher etwas schlimmer geworden als in Vitte. Ich habe letzte Woche versucht zu unterrichten, allerdings nur eine Stunde am Tag. Einfach ist es nicht für mich, aber man hat mich in der Schule sehr gebeten, in der aufregenden Zeit, in der wir jetzt leben, täglich dazusein.

Recht schnelle Besserung und alles Gute Ihre Palucca

III-9-69 ItG 455/82

»...riesengroße Freude über die schönen Bilder vom Winterschlaf unserer Häuser. So vielen Dank. Ich nehme die Aufnahmen mit... / ...Wie mag wohl nach dem harten Winter mein Grundstück aussehen? Ich sorge mich.../ ...Vielen Dank für alle Grüße und Hilfe... Ja, leider mußte der Baum weg... Mein Zimmer hatte nicht genug Sonne. Die W-Wand war immer feucht... Also ich komme am 1. Juli. Dann sehen wir uns. Bitte benutzen Sie das Sonnenbad, auch wenn ich da bin. Bei mir ist alles nicht so leicht. Ich hoffe, unser Inselsommer wird schön... / ...Mein Haus sieht sicher verlassen aus?... War so lange nicht dort. Ach die schöne stille Zeit in Vitte hinter meiner Rosenhecke... / ...Ich freue mich jetzt schon auf ein Wiedersehen.../ ...Ich freue mich ja so!...‹«
Ilse Ebel hebt die Hand wie zu einem Fanal und ruft eine letzte Zeile zitierend:
»›Auf Wiedersehen! Ihre Palucca!‹«
Dann lacht sie und dann lehnt sie sich in ihren Sessel zurück.
»Ach ja – sie kam oft über die Wiesen, hinten den Weg lang, die Zäune gab es ja noch nicht, und klopfte an die Küchentür. Na – Palucca, Kaffee? hab ich sie dann gefragt und dann sagte sie: ach ja, wär nicht schlecht und dann kam sie rein und dann redeten wir. Nicht stundenlang... nur ne kurze Zeit. Und dann ging sie wieder.«
Palucca gab ihr Ratschläge und Bestärkung, man tauschte sich zu den guten und unguten Einflüssen auf der Insel aus, über Hunde

und dies und das und da beide Verantwortung für ein Haus hatten, auch über ganz praktische Dinge wie Waschbeckenreparaturen oder wo man Holz herbekommt.

»Einmal, da war sie schon sehr alt, da ging es ihr nicht so gut, sie hatte sich wohl erkältet, da sage ich zu der Wirtschafterin: nee, also ich gehe mal lieber nicht zu ihr, will sie nicht stören. Und da kam die nach kurzer Zeit zu mir und sagte: Palucca wundert sich, warum sie nicht mal kommen! Huch, denke ich, und ging rüber. Palucca, ich wollt sie doch nicht stören. Sie können immer kommen! sagte sie da ganz bestimmt. – Da war ich erstaunt.«

Wie haben Sie sich eigentlich kennengelernt?
»Ja, ich glaube, meine Verbindung zu Palucca begann am Ende der 50er Jahre. Palucca kam jeden Sommer. Sie hatte ihr Quartier in einem Bungalow der Frau von Blücher hinter dem Haus. Wir lernten uns kennen, weil wir Telefon hatten und Palucca öfter zum Telefonieren zu uns kam.«
Diese Verbindung, wie Ilse Ebel das nennt, dauerte über 30 Jahre. Es hatte sich ganz glücklich gefügt – Palucca kam aus der Welt der Städte und der Kunst, die Ilse Ebel sehr gefällt, und traf auf der Insel Ilse Ebel, die in ihrer Art gut zu dem passte, was Palucca auf der Insel suchte: Schlichtheit, Unverfälschtheit und etwas Unbeschwertes auch.

Palucca begegnete in Ilse Ebel dieser Leichtigkeit, die entspringt, wenn man nicht bewusst emanzipatorisch ist, sondern einfach tut, was einem entspricht.
Ilse Ebel begegnete einer energischen, autonomen und berühmten Frau, die sehr bescheiden jeden Sommer die Insel betrat und ehrerbietig deren Stille liebte. Eine Weltfrau, die gerne lachte wie sie – wenn auch ganz anders, die die Einfachheit liebte wie sie und die Fröhlichkeit, und deren Kultur sie in ihrer Eigenart bestätigte. Zwischen beiden war etwas, das auf Behagen, Sympathie und Respekt beruhte – etwas, das von Freundlichkeit und Hilfsbereitschaft geprägt war. Man ließ die andere in das eigene Leben ein, vertraute sich Empfindungen aus dem Alltag an – was ein Glück bedeutet hatte, wie trostlos Zeiten der Trauer sind – jedoch waren beide darauf bedacht, eine gewisse Distanz zu wahren. Sie siezten sich so lang ihre gemeinsame Zeit währte. Die eine gehörte zum Leben der anderen auf eine stille Weise.

Oft und ausgiebig gingen Palucca und Ilse Ebel über die Insel Hiddensee und fanden sich in der Verehrung der Natur und in der Vorliebe für Natürlichkeit. Sie sahen, hörten, fühlten, beachteten Dinge, die sich nur dem offenbaren, der sie bemerkt.
Ilse Ebel hatte immer ihre Kamera dabei und es irgendwie geschafft, ihr das bannende zu nehmen. Je länger sie Palucca kannte, desto mehr hat sie an ihr entdeckt. Nie wäre ihr in den Sinn gekommen, Palucca irgendwie hinzustellen oder sie eine Pose einnehmen zu lassen.
»Das wäre ja mit ihr auch nicht gegangen! Nee, man muss den Menschen beobachten und ganz schnell arbeiten.«
In dieser Zeit entstanden viele wunderschöne Aufnahmen von ihr, die sie ganz privat zeigen. Ilse Ebel fotografierte, was Palucca von ihrem Innerlichen auf Hiddensee aufsteigen ließ.

»Hier, da kam sie aus der Küche gerannt und umarmte ihn schnell bevor er schmilzt.« erzählt Ilse Ebel und zeigt ein Foto von Palucca, die hingerissen einen Schneemann drückt. Auf anderen Bildern kann man eine Palucca sehen, die in ihrem Garten auf der Leiter steht und in den Pfützen angelt oder eine, die mit Gummistiefeln ausgelassen durch die sumpfig gewordene Wiese patscht. Palucca unendlich behutsam mit Entenküken. Palucca beherzt mit Hunden. Palucca ein wenig einsam aber glücklich eingekreist von schwarzen und weißen Schafen. Lachend sitzt sie auf dem Hochland im scharfen Wind, vergnüglich und salopp macht sie es sich auf einem großen Stein am Strand bequem. Man sieht sie verträumt und sehr fragil in mitten blühender Gräser. Palucca in ihrem letzten Sommer auf der Insel mit leuchtenden Augen an ihrem Schreibplatz. Palucca plaudernd am Hafen – eine zarte und gewitzt lächelnde Frau mit dem Pfeife smokenden Fischer Georg Ewert, der neben ihr riesig wirkt. Palucca ganz redelustig mit Päule Thürke, wie sie ihn nannte. Ilse Ebel erzählt, dass Palucca es mochte, sich ungezwungen mit den Leuten von der Insel zu unterhalten. Und dass der alte Paul Thürke es sich nicht nehmen ließ, sie vom Hafen abzuholen und sie für die Abreise auch wieder hinzubringen. Wenn sie so ankam, auf dem Kutschbock an der Seite von Paul Türke, soll das ringsum eine Attraktion gewesen sein – die allerdings im Stillen genossen wurde, denn jeder wusste, Palucca mag keinen Rummel um ihre Person. Wenn sie auf der Insel unterwegs war, versteckte sie sich unter einer Schirmmütze. In das Meer ging sie morgens um 8, wenn weit und breit noch niemand zu sehen war. Für einen Plausch auf der Straße war sie dennoch jederzeit zu haben, so lange die Menschen sie nicht hofierten. Am besten, sie wussten gar nicht, mit wem sie da über kleine Hunde und so allerlei sprachen.

Abb. rechte Seite: Palucca mit dem Schneemann

Abb. S. 92 oben: »...da gingen wir spazieren und plötzlich ging sie zu den Schafen, das hat ihr gefallen...«

Palucca liebte die Inseln Sylt und Hiddensee. Sie waren ihr Ruhepol, hier fand sie Stille und Gelassenheit. Auf Sylt tanzte sie als junge Frau barfuß in den Dünen, befreit von Kostüm, Raum und Schrittvorgaben, den Sand – den Boten der Erde und des Meeres – unter ihren Füßen, der Suche nach der Befreiung von Zwängen ganz nahe. In Klappholttal, in der in Jahre 1919 von Knud Ahlborn im Zuge der ›Jugendbewegung‹ gegründeten AKADEMIE AM MEER, hatte sie am 11.08. 1950 ihren letzten Soloauftritt. Sie besuchte die Insel noch bis in die 80er Jahre hinein regelmäßig. Heute heißt dort ein Kutter nach ihr.
Auf Hiddensee hat sie sich am Anfang der 60er Jahre ihr Sommerhaus gebaut und auch hier das Tanzen inmitten der Natur nicht lassen können. Noch heute gibt es Gerüchte darüber. Bleibend ist für jeden, der es sah, wie Palucca mit fast schon 70 Jahren auf die Bäume springt. Ilse Ebel hat auch das fotografiert. Hier findet im Sommer, in diesem Jahr schon das fünfte Mal, im Gedenken an Palucca die Tanzwoche der PALUCCA-SCHULE statt. Diesmal machten die Tänzerinnen und Tänzer vor Ilse Ebels Veranda Station, überreichten ihr Blumen und tanzten ein ›Ständchen für Ilse Ebel‹. Ilse Ebel ist außer sich vor Freude, wundert sich über die ihr zuge-

Abb. S. 95: Palucca mit Päule Thürke auf dem Kutschbock, September 1983

teilte Ehre und fragt sich uneitel, womit sie das wohl verdient habe. Dann genießt sie den Gruß der jungen Leute aus vollen Zügen. In ihrem Kalender findet sich der Eintrag: ›schöner Tag!‹

Beide Frauen schätzten die Gabe der anderen hoch.
Ilse Ebel war fasziniert von Paluccas Körperkunst. Davon, dass Palucca es vermochte, mit ihrem Tanz elementaren Sinnesregungen Gestalt zu geben. Davon, dass sie dem menschlichen Erleben entsprungene Gefühle und Empfindungen erfassbar vertanzte. Denn obwohl sie sie von allem Überflüssigen befreite und jegliche Appellation an das Seichte, Oberflächliche und Gefällige vermied, tanzte sie – auch höchst konzeptionelle Gedanken von Künstlern wie Klee, Kandinsky, Moholy-Nagy beflügelnd und von ihnen euphorisch gefeiert – Botschaften, die von vielen verstanden werden konnten.
Ilse Ebel hatte in ihrer Jugend Palucca tanzen gesehen und ihren Tanz als ein großes Geschenk für ihre innere Welt empfunden. Später war sie mehrmals nach Dresden zu Palucca eingeladen. 1984 wurde ihr ein großes Privileg eingeräumt: sie durfte dem Unterricht zuschauen. Ilse Ebel wurde am Bahnhof von Paluccas Chauffeur Herrn Werner abgeholt und nahm Logis. Als sie an Paluccas Seite

durch die Gänge der Schule ging, nahm sie wahr, wie still es wurde. Wenn die Meisterin kam, wurde die Lautstärke gedämpft, die eine oder andere unbedachte Nachlässigkeit korrigiert. Das hat Ilse Ebel sehr beeindruckt.
Aber noch mehr, wie Palucca ihren Unterricht führte, wie jede Faser ihres Körpers tanzte, obwohl sie schon sehr alt war. Wie hoffnungsvoll sie sich ihren Schützlingen zuwandte und wie aufmerksam die waren. Palucca betrieb eine umfassende und vielseitige pädagogische Werkstatt. Sie war der Meinung, dass Hohlheit und Halbheit zu Dilletantismus führen, sie hasste die Einseitigkeit und beförderte die Kreativität, die freie Person, den Mut zum Erfinden, das Temperament.
Es ging ihr nicht darum, Erkenntnisse in jemanden wie in ein hohles Gefäß hineinzustopfen, sondern Erlebnisse zu schaffen, die ein Wesen öffnen und es aus sich selbst heraus schöpferisch werden lassen. Sie wollte keine Nachahmer erziehen, sie wollte, dass ihre Schüler wissen, was sie tun, dass sie den Sinn der tänzerischen Bewegung verstehen. Sie war der Meinung, dass dem Tanz, so wie sie ihn auffasste, ein entwickeltes Wesen zugrunde liegen müsse, auch deshalb beförderte sie die Liebe zur Natur, zur Malerei, zur Literatur, zur Musik, zu Bauwerken, zum Leben, zu sich selbst und zu an-

Ilse Ebel und Palucca im Efeuhaus, Mitte der 80er Jahre

deren. Und sie hatte die Fähigkeit, den Menschen die Künste nahe zu bringen, fand für deren Entschlüsselung einfache, verständliche Worte. Sie bereicherte dadurch so manches Leben, nicht nur das ihrer Eleven.
Noch bis zum Sommer 92, bis sie 90 Jahre alt war, nahm sie, wenn auch nicht mehr regelmäßig, am Unterrichtsgeschehen ihrer Schule teil. Nach diesem Sommer kam sie nicht mehr.

Palucca stellte Ilse Ebel anderen als die Fotografin vor, die diese schönen Privataufnahmen von ihr gemacht hat, die die einzigen seien, die ihr wirklich richtig gefielen. Sie schickte ausnahmslos die Hiddensee-Fotos der Ilse Ebel an ihre Freunde und Bekannten und zu den von ihr aufgenommenen schreibt sie in einem Brief vom 15.09.1960:
›Liebes Fräulein Ebel, es ist mir ein Bedürfnis, Ihnen noch einmal zu schreiben und zu sagen, dass die Aufnahmen, die sie von mir letztes Jahr im Sommer gemacht haben, ohne Ausnahme allen Menschen, die sie gesehen haben und mich kennen, als ausgezeichnet anerkannt wurden; und ich selbst muß sagen, dass selten so lebendige, natürliche und künstlerisch gute Aufnahmen von mir aus meinem Privatleben gemacht worden sind.‹

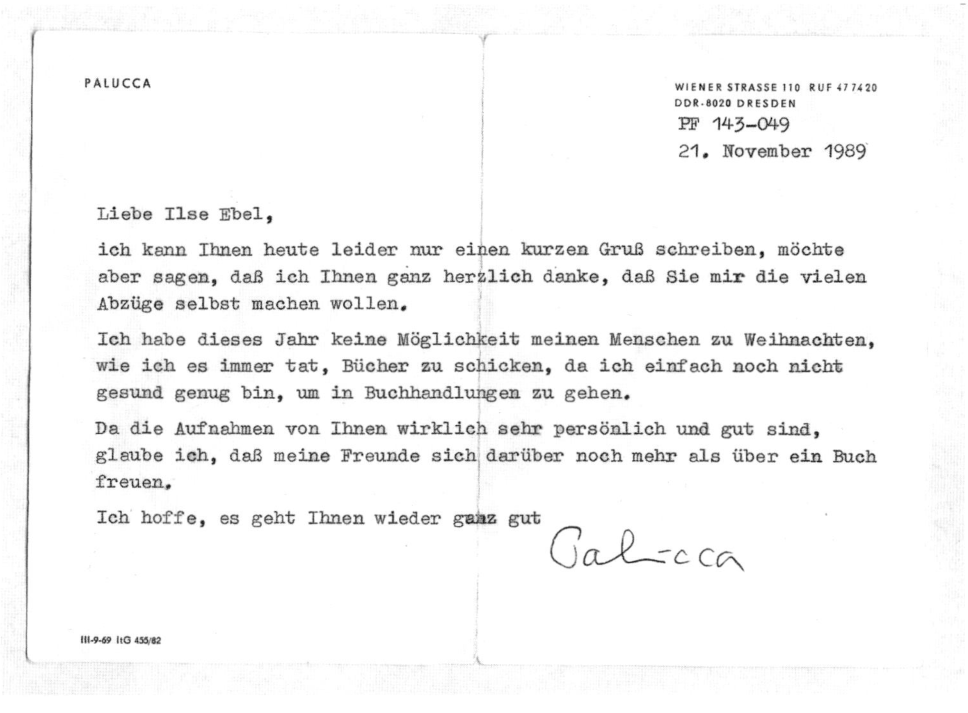
PALUCCA

WIENER STRASSE 110 RUF 477420
DDR-8020 DRESDEN
PF 143-049
21. November 1989

Liebe Ilse Ebel,

ich kann Ihnen heute leider nur einen kurzen Gruß schreiben, möchte aber sagen, daß ich Ihnen ganz herzlich danke, daß Sie mir die vielen Abzüge selbst machen wollen.

Ich habe dieses Jahr keine Möglichkeit meinen Menschen zu Weihnachten, wie ich es immer tat, Bücher zu schicken, da ich einfach noch nicht gesund genug bin, um in Buchhandlungen zu gehen.

Da die Aufnahmen von Ihnen wirklich sehr persönlich und gut sind, glaube ich, daß meine Freunde sich darüber noch mehr als über ein Buch freuen.

Ich hoffe, es geht Ihnen wieder ganz gut

Palucca

III-9-69 ItG 455/82

Ilse Ebel bekommt von ihr im Laufe der Zeit noch mehrere dieser wunderbaren Referenzen. Im November 1989 dankt sie Ilse Ebel dafür, dass sie ihr die vielen Abzüge für ihre Freunde selbst machen will.
›Ich habe dieses Jahr keine Möglichkeit meinen Menschen zu Weihnachten, wie ich es immer tat, Bücher zu schicken, da ich einfach noch nicht gesund genug bin, um in Buchhandlungen zu gehen. Da die Aufnahmen von Ihnen wirklich sehr persönlich und gut sind, glaube ich, daß meine Freunde sich darüber noch mehr als über ein Buch freuen.‹
Das erste Foto von Palucca auf Hiddensee zeigt sie im Alter von ungefähr 60 Jahren am Nordstrand sitzend, der damals noch voller Steine war, einer Versteinerung ganz ruhig hingegeben. Das letzte zeigt sie mit 90 Jahren, eine verknorpelte Wurzel in ihrer Hand,

Die erste Aufnahme von Palucca auf Hiddensee, ca 1960

unaussprechliche Gedanken denkend. Das wirklich letzte Foto zeigt Palucca, wie sie zwei Gläschen guten Cognacs auf einem Tablett ausbalanciert und in den Garten trägt.
»Das war in Paluccas letztem Sommer auf der Insel. An dem Tag bevor sie abfuhr.« kommentiert Ilse Ebel. »Da hat sie mich zu sich herüber gebeten. Ich soll mal kommen. Ich denke, na, die hat doch was vor? und nehm den Apparat mit. Und da kommt sie mit dem Tablett und sagt, dass ich mich in den Strandkorb setzen soll. Da haben wir das letzte Mal in ihrem Garten zusammengesessen.«
Im Winterausgang darauf suchte Ilse Ebel gemeinsam mit Frau Kreher und Frau Ladstätter, der letzten Pianistin von Palucca, im Hochland den Stein für ihr Grab aus. Am 01. April 1993 wurde Palucca auf dem Inselfriedhof beigesetzt.

Das letzte Bild von Palucca 1992

Abb. S. 102 Portrait von Palucca im Sommer 1992 (offiziell die letzte Aufnahme)

Es hatten sich zwei Individualistinnen getroffen – jede auf ihre Weise eine Unübliche. In beider Charakter lag es, dort zu verweilen, wo es mit dem anderen Menschen möglich ist.
Palucca hatte ein hohes theoretisches Bewusstsein, ihr Konzept für den neuen künstlerischen Tanz und eine eigene künstlerische und pädagogische Methode, eine große schöpferische Persönlichkeit und den starken Willen, möglichst konzessionslos den Weg zu gehen, den ihre Kunstauffassung ihr vorschrieb.
Ilse Ebel lebte einem inneren Gesetz für Harmonie, Stimmigkeit und Natürlichkeit folgend, ihre Passion: die Fotografie.

Man muss sehen können

Man kann nicht sagen, dass sie das Vertraute verrätselt – eher ist es so, dass sie sieht, was andere nicht sehen, dass ihre Fotos die Wahrnehmung erweitern, die Sehweise erfrischen. Ihre Fotografie schärft den Blick für verborgene Schönheit, selbst im Alltäglichen und im ganz Kleinen.
»Man muss sehen können!« sagt sie lächelnd und mit einem Gesicht, als erzählte sie vom Stein der Weisen, was wohl auch so ist, »so was lässt sich nicht erlernen. Das ist etwas, was in einem drin ist... bei mir ist es raus gekommen...«

Ilse Ebel fotografiert vor allem ihren Ort. Ihr Ort ist die Insel Hiddensee, mit ihrer Schönheit, ihrer Klarheit, ihren Gewalten – und ihrer Vielgestalt. Vom Toten Kerl am Fuße des Hochlandes im Norden bis zum Gellerhaken im Süden. Sie fotografiert vor allem die Landschaften, aber auch die Nachbarschaften zu all dem, die von den Menschen ausgehen – die Boote der Fischer, die Inselhäuser, die Häfen und die Menschen selbst – ihr Leben, ihr Werken. Seit über sechzig Jahren.

Sie fotografiert das, was sich ihr als das Einmalige des Moments auf dieser Insel darbietet, kein Foto soll beliebig oder austauschbar sein. Es gibt Bilder, die in ihrer Gunst nicht so weit oben stehen – dabei sind sie perfekt, schön, begehrenswert. Aber sie sind austauschbar. Sie könnten auch an einem anderen Ort dieser Welt aufgenommen worden sein, sie zeigen nicht das Unverwechselbare, das Einmalige der Insel, und das ist, was sie zeigen will.

Nur selten sagen ihre Fotos etwas über die Narben der Insel oder über ihre Bedrohung, niemals zeigt sie was Unachtsamkeit ihr antut. Denn so herum ist Ilse Ebels Herangehen: Sie macht auf unkomplizierte Art das Wertvolle, das Schöne sichtbar. Und in dem sie das exponiert, was sie dafür hält, transportiert und suggeriert sie auch den Schutzgedanken, die Bewahrung, die Feier der Insel. Und in einem weiteren Sinne: die Hoffnung, die in all dem natürlich Gegebenen verborgen liegt.
Dafür wird ihr der besondere Blick zugesprochen. Manche sagen auch, ihre Bilder haben eine Seele. Das Geheimnis dieser Essenz liegt vielleicht darin, dass sie die Insel und die Natur wirklich und wahrhaftig liebt und ihr verbunden ist.

»Für mich bot sich immer etwas an.« sagt sie und zeigt Fotos von der Neueindeckung eines Rohrdachers. Da lag ein alter Anker am Strand, dort ergaben lustig schaukelnde farbenfrohe Fischerboote ein Bild oder die alten Schlittenkutschen im Hiddenseer Schnee.

"Ebelsche Wolken" über dem Norderende, vor 1965

»Ist das nicht ein Typ? Wie der so dasitzt, so ganz in sich versunken... und die Kleidung, ganz frisch, ganz sorgsam geflickt...«
Sie liebt dieses Foto. Es zeigt einen in sich ruhenden Fischer, der Augen hat, als sei er ganz mit sich im Reinen. Das hat sie in ihrem Leben mehrmals gereizt. Und da sind auch die Wolken, die sie immer wieder verlockten und die irgendwann die Ebelschen Wolken genannt werden. Fischer, die ihren silbernen, zappelnden Schatz heben. Ein Bild aus ihrer Anfangszeit ist darunter, da hatte sie den Fischern fürs Foto eine Flasche Korn gekauft, weil sie dachte, dass sie dann lustiger gucken.
Blicke von der Nordküste. Die sich ständig verändernde Küstenlandschaft, die Hucke –
»Ja, die hab ich oft mit drauf, weil man dann gleich sieht, wo das Bild aufgenommen wurde.«
Der Strand mit seinen natürlichen Schönheiten, Mauerpfeffer, Stranddistel... Die Überflutungen, die eingefrorenen Bewegungen des Meerwassers. Schwäne im Eis. Das Rot der Hagerose im tuffigen Schneepelz. Eine mit dem Wind gewachsene Kiefer auf dem Hochland.

Rohrdacheindeckung, Pfingsten 1965

»Also da staunt man doch, wie die es geschafft hat, sich festzuhalten.«
Der Inselblick nach Kloster.
»Da bin ich früh um sechs auf die Hügel in Kloster gestiegen und hab auf die aufgehende Sonne gewartet... sehen sie? ... Wie sie die Dächer und Giebel hervorhebt? Sehen sie mal, die Baumbeleuchtung! Die ganzen Hell-, Dunkeleffekte. So wird das plastisch. Sonst wäre das doch ein ganz langweiliges Foto.«
Fischerhäuser von Grieben, die Häuser auf dem Schabernack in Neuendorf.
»Und da sieht es immer noch so aus, nicht wahr? Und das ist doch das, was wir so schön finden, nicht? Die Wiesen gehören der Kirche. Deswegen kann da nicht gebaut werden.«
Bilder von der Heide zu allen Jahreszeiten.
»Das wär doch traurig, wenn hier überall Häuser stehen würden, da wär doch der Reiz der Insel verloren – dann ist doch alles landschaftlich verdorben... Und das ist doch das, was wir so schön finden, nicht?«

Ich getraue mich nicht, ihr zu sagen, dass – ganz dem üblichen Gang der Dinge nach, wie man so sagt und vergisst, dass es die Menschen sind, die die Dinge in Gang setzen – im Internet auch Heideland schon als Bauland in spe angeboten wird.
Und immer wieder die Boote der Fischer. Diese Anordnung aller Dinge auf den Booten auch, die von kundigen Handgriffen erzählt. Mehrere Aufnahmen von schwarzen und weißen Schafen – auch ein Thema, das ihr anscheinend gefallen hat.
Bevorzugten Sie schwarzweiß?
»Nein, eigentlich nicht. Mit Farbe hab ich auch viel gemacht. Immer wenn es um Farbe ging... um die Farbenpracht in der Natur. Und schwarzweiß... also für kontrastreiche Aufnahmen, ja. Wenn es mir um die Beleuchtung geht, um Konturen, um die verschiedenen Schattierungen, die verschiedenen Hell- und Dunkeltöne...«
Gibt es keine konstruierten Bilder von Ihnen?
»Och, nein, wieso denn auch. Ich musste doch gar nichts hinzu tun. Ist doch alles da... Man muss es nur sehen, nicht?«

Fischerhaus in Grieben

Neuendorf

Haus am Süderende, Vitte

Fischer, die ihren silbernen Schatz heben

Die Hucke als aktives Kliff, 1931

Die Hucke in den 40er Jahren

... in den 50er Jahren

Eisberg am harten Ort

Winterimpressionen, Ende der 50er Jahre

Das Klostertor

Schwäne im Eis, 40er Jahre

Bilder von der Überflutung 1949

Der Hafen von Kloster

Norderende

Küstenrückgang an der Westküste

Abb. unten: Norderende während der großen Überflutung, 1954

*Vitter Bodden
vor 1965.
Die Wiese war noch
nicht aufgeschüttet.*

Nach dem Hochwasser von 1962

Vorbereitungen für den Deichbau

Fischerhafen Vitte

Abb. unten:
Die Boote werden über die Slipanlage an Land gezogen

Abb. S. 124/125
Die Boote der Fischer 50er Jahre

Die ganze Natur, die ganze Insel war ihr immerwährendes Motiv, sie hat sie immer wachen Auges beobachtet, immer willens, jede geeignete Darbietung festzuhalten. Praktisch jeder Weg war Vorbereitung für ein Bild. Studium. Aber sie fotografierte erst wenn das Gesehene ihrer Bildvorstellung entsprach. Sie hatte bestimmte Motive Ideen – das was sie zeigen wollte immer im Kopf – und wenn sie das Gefühl hatte das es jetzt sein musste belichtete sie ein Bild. Zielsicher. Manchmal auch zwei. Ganz in der Arbeitsweise der besten ihrer Lehrmeister die noch Platten zu belichten hatten und schon von daher versuchten ihre Vorhaben unfehlbar anzugehen.
Was der Fotoapparat nicht leisten konnte was der Entwicklungsstand der Objektive und Filter noch nicht hergab wurde in der Dunkelkammer zur Perfektion gebracht. Fotografieren Nachbearbeitung in der Belichtung Effekte zaubern endgültige Bildausschnitte wählen das geeignete Format – das war ganz selbstverständlich ein Arbeitszusammenhang.
Schon von daher kann Ilse Ebel sich mit der automatischen und standardisierten Entwicklerarbeit von heute nicht anfreunden.

Ansonsten erforderte ihre Motivwahl – freie Begebenheiten wie Landschaften Leute Momente Zufälle – einen spontanen modernen Arbeitsstil. Denn das bedeutete ständig bereit zu sein plötzlich auftretende Ereignisse und Erscheinungen einzufangen oder auch eine ganze Zeit – vielleicht ein Jahr? zu warten bis ein Licht eine Vegetation ein Rot oder ein Gelb oder auch eine Person wiederkehrt und dann ganz schnell zu arbeiten.
Wieder ein Glück: Die Erfindung der Kleinbildkamera LEICA fiel in Ilse Ebels Jugendzeit. Und damit schlug für sie wie auch für viele andere ihre große Stunde. Mit dieser Kamera war es ihr möglich geworden ihren Faible auszuleben und immer komplett ausgerüstet loszugehen.
Die LEICA wird 1925 erstmals der Öffentlichkeit vorgestellt. In den Dreißigern hatte sie sich unter den Fotografen durchgesetzt – trotzdem sie teuer war und obwohl die Kleinheit des Formats 24 x 36 gewöhnungsbedürftig war. Heute ist sie ein Mythos. Die LEICA war mit Objektiv und Zubehör konkurrenzlos klein leicht und arbeitete mit hoher Präzision. Von Beginn an galt sie als die Verbindung von Ästhetik mit kühner und perfekter Technik. Sie hatte einen Gummischlitzverschluss der weder Geräusche noch Erschütterungen durch den Verschlussablauf mit sich brachte. Sie koppelte Filmtransport und Verschlussaufzug hatte einen Drehknopf für die Einstellung der Belichtungszeiten einen seitenrichtigen Sucher einen Aufsteckschuh

für Zubehör, einen mit der Entfernungseinstellung des Objektivs gekuppelten Entfernungsmesser und einen verzögerungsfreien Auslöser, der schneller reagierte als der jeder Spiegelreflexkamera. Sie machte auch bei extrem schlechten Lichtverhältnissen Bilder mit guter räumlicher Tiefe und die zu ihr gehörigen Objektive wurden schnell für ihr hohes Auflösungsvermögen und ihre überragende Kontrastwiedergabe berühmt. Und noch ein Clou: Sie nahm erstmalig einen kleinformatigen Kinofilm mit 36 Aufnahmen in Dienst. Ab 1930 schon gab es die LEICA als echte Schraubkamera mit auswechselbaren Objektiven. Was für Möglichkeiten!
Ilse Ebel ergriff sie und so hat auch Hiddensee Fotos, die mit der legendären LEICA aufgenommen wurden, aufzuweisen – Bilder vom Ende der Zwanziger, Anfang der Dreißiger Jahre, die zu den ersten Aufnahmen gehören, die mit der LEICA überhaupt gemacht wurden. Fischerboote im Vitter Hafen, Fotos von Fischern, die sie unauffällig fotografiert hat – denn auch das ermöglichte die Arbeit mit der Kleinbildkamera, die modernen Inselhäuser von Max Taut, Eselkarren, vom Wasser umspülte Meersteine... Momente.

Asta Nielsens KARUSEL, 1930

Das Tautsche Hausemsemble am Norderende, 1931

Fischer, 1933

Der Anleger in Vitte, Anfang der 30er Jahre

Heringstreibnetze mit Fleten, 1933

Wie es nicht ihre Sache war, Filmmaterial zu verschießen, blieb sie auch bei der Wahl ihrer Kameras immer bei dem Prinzip der Handarbeit am Apparat. Der allerdings musste leicht, handlich und flexibel sein und sich möglichst an sämtliche vorkommenden Fälle anpassen können.
Sie bevorzugte in den 50er Jahren wegen des Formats eine Zeit lang eine 6 x 6 PRIMARFLEX, eine Spiegelreflexkamera, bei der die Optik auswechselbar war und einige der wichtigsten Bedienungsgriffe in einem Aufzugsknopf vereinigt waren, so dass schnelle Aufnahmefolgen möglich wurden. An eine modernere LEICA und auch an den UdSSR-Nachbau kam sie nicht heran. So arbeitete sie später mit einer EXA. Die jüngsten Aufnahmen hat sie mit der mechanischen NIKON EM gemacht.
»Nein, Automatik nehme ich nicht. Hab ich nie!«
Das ist natürlich eine Frage der Ehre. Denn:
»Auf den Knopf drücken kann schließlich jeder!« wie sie gern betont.

Ihre Arbeit wurde und wird anerkannt, wie die Liste der Ausstellungen und Veröffentlichungen zeigt, wie die Berge von Post, die sie erhält, belegen, wie sicherlich hunderte von Aufnahmen bezeugen, die nicht nur in den Häusern auf der Insel zu finden sind.

Die Fotografin Ilse Ebel mit Schaf in den 50er Jahren

Eckart Muthesius schreibt ihr im Oktober 1951: ›Liebes Fräulein Ebel, ich danke Ihnen für Ihren Brief und die Zusendung. Damit ist wieder einmal alles bestens erledigt. Die Reproduktionen sind fabelhaft, die Filme sind auch gut in meine Hände gelangt. Ebenso erhielt ich die Postkarten-Vergrösserungen von meinem Häuschen. Ich danke Ihnen bestens für die wieder mal so gut gelungene Arbeit.‹
Das Hauptmann-Archiv in Radebeul bemühte sich 1952 um Fotos und bedankte sich weitschweifend. ›Die sehr wohlgelungenen Bilder, die Sie mir zu senden die Freundlichkeit hatten, haben mir viel Freude bereitet.‹ Und vielleicht fand in diesem Jahr auch die erste Ausstellung von Ilse Ebel statt? Der Schreiber versichert ihr: ›Ihre schönen Aufnahmen werden unter Angabe Ihres Namens im Schloß Hoflössnitz zu Radebeul..., ausgestellt.‹
Andere schicken ihr von ihren Wohnorten die Filme nach Hiddensee und bitten um Ausführung der Fotoarbeiten – man war mit ihren Arbeiten stets sehr zufrieden, lobte die sorgfältige Behandlung und hatte immer Sonderwünsche.
In den 60er Jahren des vorigen Jahrhunderts hatte es sich dann herum gesprochen und stand in der Zeitung: Wer nicht die ›normalen‹ Postkarten verschicken wollte, der kannte ihr kleines Atelier und kaufte dort die ›geschmack- und stimmungsvollen Arbeiten.‹. Und bis heute nicht vergessen sind auch die Ebelschen Lesezeichen, Kleinodien mit besonders schönen Inselmotiven oder den Schnappschüssen von Ringelnatz und Nielsen. Die Felsensteins bedankten sich bei ihr für ihre ›reizende Weihnachts- und Neujahrs-Sendung‹, eine Hiddensee-Liebhaberin bedankt sich für die Bilder, die Ilse Ebel auf ihren Wunsch hin für sie von der Insel fotografiert hat, jemand bedauert, dass es ihre Fotos bei Frau Groß in Stralsund nicht mehr gibt und beteuert: ›Sie haben in ihren Landschaftsfotos von der Insel gegenüber der Dutzendware von Ansichtskarten zugleich das Atmosphärische mit wiederzugeben gewußt, so dass Ihre Fotos etwas Unverwechselbares und Eigenes haben.‹ Man bittet sie um Zusendung historischer Aufnahmen oder um Vergrößerungen. Aus einem Dankschreiben von 1975 geht hervor, dass 5 ihrer Fotos in das Archiv des dänischen Filmmuseums geholt wurden.
Heute sind ihre Aufnahmen und Artikel über die Fotografenmeisterin in den INSELNACHRICHTEN, in der OSTSEE-ZEITUNG, in den NORDDEUTSCHEN NEUESTEN NACHRICHTEN, in der RÜGENER ZEITUNG, in der BERLINER ZEITUNG, im NEUEN DEUTSCHLAND, in der BILD-ZEITUNG, in der FRANKFURTER RUNDSCHAU, im STERN, in den DRESDNER NEUESTEN NACH-

RICHTEN, im BLÄTTCHEN und im Internet zu finden – und schließlich wurde ein Film über sie gedreht.

Die Fotografie ist Ilse Ebels Leidenschaft. Sie hat sich nie einen anderen Beruf vorstellen können. Alles, was damit im Zusammenhang steht, gehört zu ihrem Leben, bestimmte ihren Lebensstil. Geduld und Ausdauer, Schnelligkeit auch, Spontaneität, ohne Scheu zu agieren und sich gleichzeitig am Rande des Geschehens aufzuhalten, Entdeckerfreude, eine gute Beobachtungsgabe, das Gespür für den richtigen Moment, ein vorbehaltloser Umgang mit der Technik, Korrektheit, die Fähigkeit zur Hingabe, sichere und freundliche Umgangsformen.
Ilse Ebel verkörpert die Symbiose von Berufung, Beruf und Leben. Und vielleicht liegt hier der Grund, weshalb sie nicht ausbrannte und heute noch strahlt, als ob sich ihr innerer Mensch von Tag zu Tag erneuert hätte.

Der Werdegang der Fotografenmeisterin

Ilse Ebel stand, lag oder saß als Kind ihrem Vater nicht nur Modell, sie probierte schon damals gern die Apparate ihres Vaters aus. Einige ihrer frühesten Fotos fanden sich in einer alten Holzkiste. Die Schulklasse, die Runde des Tanzunterrichts, Freundinnen und sie in abenteuerlichen Verkleidungen mit Selbstauslöser fotografiert, Bilder von ihren Eltern und Verwandten, von den Reisen, die die Familie unternahm und ab Ende der zwanziger Jahre Hiddensee. Bilder, an denen die Schule und das Vorbild des Vaters zu erkennen ist, aber auch, was für ihre Fotografie typisch werden wird:
Sie hat nicht die ganz große Inszenierung aufgenommen, die ihr Vater sogar bei Aufnahmen von Handlungsabläufen fertig brachte – ihre Bilder sind unmittelbarer, aber dennoch ausgewogen komponiert. Sie bildete ihre Objekte nicht frontal ab, sie schnitt eher alles an. Es gibt viel Harmonie, aber keine Symmetrie, kaum einen geraden Horizont, sie liebte das Spiel mit Licht und Schatten, Schärfe und Weichheit der Konturen, Vorder- und Hintergründen, und auch die Dramatik des Himmels kommt nach und nach ins Bild.

Vitte, 1928

Hexenhaus in Vitte, 1929

Fischerkaten in Neuendorf, 1929

Der Vitter Hafen, 1929

Der Vitter Hafen
1929

Fischer bei der Arbeit
1931

Boote am Bodden
1930

Weststrand mit Hucke, 1930

Hucke, 1930

Vom Rennbaumhuck in Richtung Norden, 1930

Strandschönheiten, 1931

Die Wolken...

Meersteine, 1929

... kommen ins Bild

Zeesenboot vor Norderende um 1920, Fotografie von Max Ebel

Fischer am Außenstrand um 1920, Fotografie von Max Ebel

Otto Gebühr, Fotografie von Max Ebel

Asta Nielsen und Joachim Ringelnatz im Sommer 1929

Seit 1932 arbeitete Ilse Ebel im Geschäft ihres Vaters, damals noch in Neuruppin. Am 01. April 1934 begann sie ihre Ausbildung im ›Photographen-Handwerk‹. Die Dauer der Lehrzeit betrug drei Jahre und endigte am 31. März 1937. Auf dem Schriftstück, auf dem die ›Photographen-Innung Neuruppin‹ ihre Lehre an die Handwerkskammer in Berlin anzeigte, war Platz für besondere Bemerkungen. Platz für den Ariernachweis des Lehrmeisters und des Lehrlings. Max Ebel war ihr Lehrmeister. Er habe sich nie so dolle reingemischt, wie Ilse Ebel sich erinnert. Er hat ihr alle Einblicke in sein Können gestattet, hat sie gewähren und sich ausprobieren lassen. Im Februar 1937 bestand sie vor dem ›Gesellenprüfungsausschuss der Handwerker-Innung für das Photographische Handwerk in Neuruppin‹ nach einer ordnungsgemäßen Lehrzeit ihre Gesellenprüfung mit ›gut‹.

Die nächsten Jahre waren Wanderjahre. Das letzte Quartal im Jahre 37 war Ilse Ebel bei der Bildberichterstatterin Erika Herzberg in Neuruppin als Gehilfin tätig und hat ›die ihr übertragenen Arbeiten zur vollen Zufriedenheit erledigt‹. Dass sie eine fleißige, zuverlässige und ruhige Mitarbeiterin ist, wird ihr von Frau Herzberg bescheinigt. Vom Januar bis Oktober 38 arbeitete sie im Geschäft ihrer Eltern auf Hiddensee.
Vom November 38 bis Juni 39 war das Fräulein Ebel in der Lichtbildnerei Warnke in Neuruppin als Volontärin tätig. ›...Es war ihr Gelegenheit gegeben, sich auf allen Gebieten der Photographie weiter auszubilden und so glaube ich sagen zu können, dass sie von dieser Möglichkeit reichlich Gebrauch gemacht hat... ‹, so der Meister.
Das große Tageslichtatelier hat Ilse Ebel sehr begeistert, hier hat sie die Feinheiten der Beleuchtung gelernt. Sie verließ den Arbeitsplatz, um im Geschäft ihrer Eltern während der Sommersaison tätig zu werden. Von Oktober 40 bis Ende April 41 war sie im Foto-Atelier der Frau Mila Planck in Bielefeld als Mitarbeiterin tätig. ›...Ihre Arbeiten sind zufriedenstellend, sie ist eine besonders tüchtige Laborantin und intelligente Persönlichkeit, so wie ehrlich, pünktlich, auch fleissig...‹
Es ging lustig zu, als Ilse Ebel ihre Beurteilungen vorlas, sie lachte fröhlich über das, was von ihr dort aufgeschrieben stand und begleitete den Text mit oho! und hört, hört!
In der Sommersaison 41 war sie wieder auf Hiddensee und von da an immer im Fotohaus tätig. Nach ein paar Jahren Berufserfahrung und mit dem Nachweis in verschiedenen Ateliers gearbeitet zu haben, konnte man sich zur Meisterprüfung bewerben und Ilse Ebel hat es

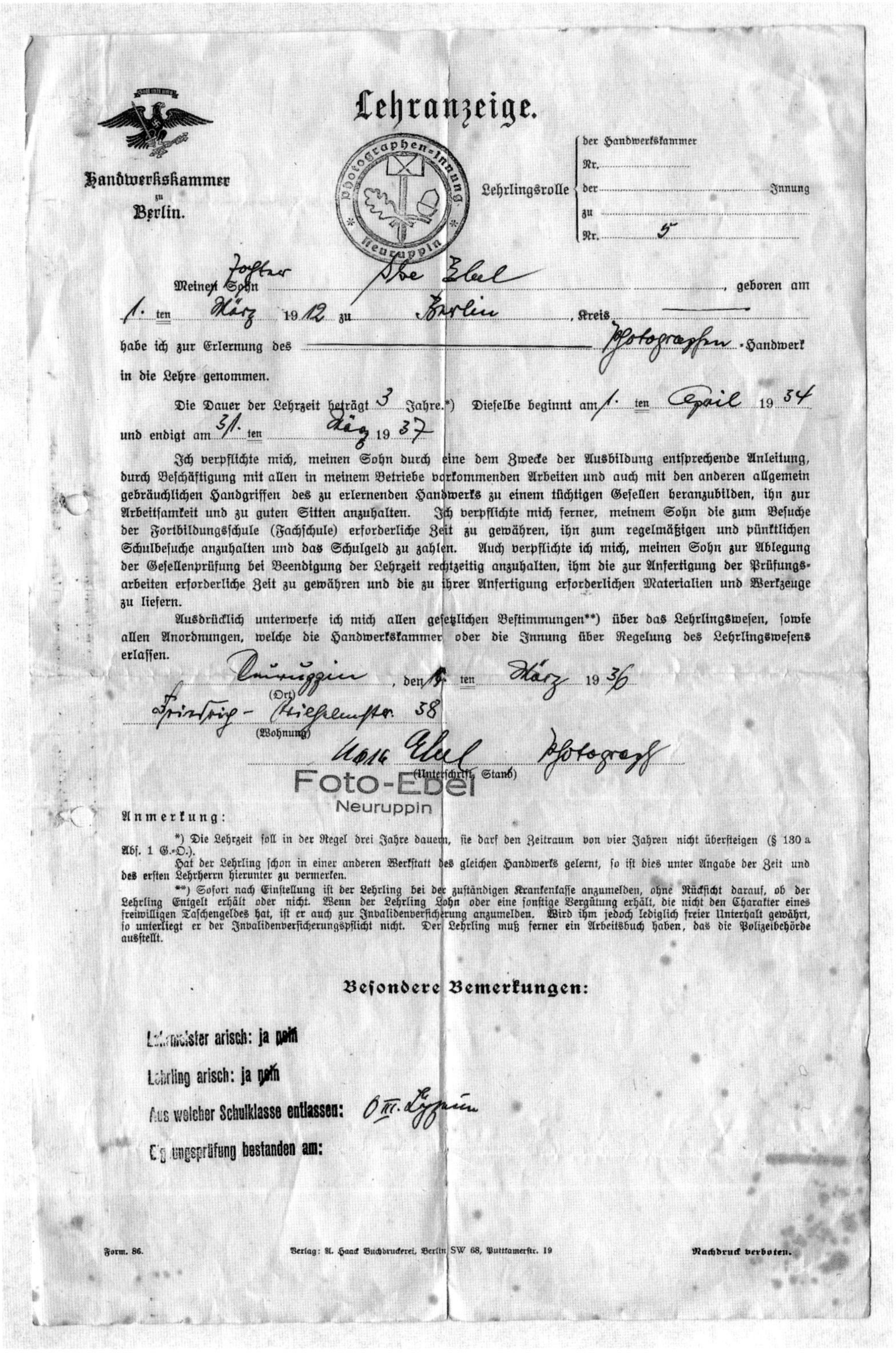

Gott mit uns

Handwerkskammer zu Berlin.

Lehranzeige.

Photographen-Innung Neuruppin

Lehrlingsrolle der Handwerkskammer Nr. .... der .... Innung zu .... Nr. 5

Meine~~r~~ Tochter ~~Sohn~~ Ilse Ebel, geboren am 1. ten März 1912 zu Berlin, Kreis —

habe ich zur Erlernung des ——— Photographen-Handwerk in die Lehre genommen.

Die Dauer der Lehrzeit beträgt 3 Jahre.*) Dieselbe beginnt am 1. ten April 1934 und endigt am 31. ten März 1937

Ich verpflichte mich, meinen Sohn durch eine dem Zwecke der Ausbildung entsprechende Anleitung, durch Beschäftigung mit allen in meinem Betriebe vorkommenden Arbeiten und auch mit den anderen allgemein gebräuchlichen Handgriffen des zu erlernenden Handwerks zu einem tüchtigen Gesellen heranzubilden, ihn zur Arbeitsamkeit und zu guten Sitten anzuhalten. Ich verpflichte mich ferner, meinem Sohn die zum Besuche der Fortbildungsschule (Fachschule) erforderliche Zeit zu gewähren, ihn zum regelmäßigen und pünktlichen Schulbesuche anzuhalten und das Schulgeld zu zahlen. Auch verpflichte ich mich, meinen Sohn zur Ablegung der Gesellenprüfung bei Beendigung der Lehrzeit rechtzeitig anzuhalten, ihm die zur Anfertigung der Prüfungsarbeiten erforderliche Zeit zu gewähren und die zu ihrer Anfertigung erforderlichen Materialien und Werkzeuge zu liefern.

Ausdrücklich unterwerfe ich mich allen gesetzlichen Bestimmungen**) über das Lehrlingswesen, sowie allen Anordnungen, welche die Handwerkskammer oder die Innung über Regelung des Lehrlingswesens erlassen.

Neuruppin (Ort), den 14. ten März 1936

Friedrich-Wilhelmstr. 58 (Wohnung)

Ulrich Ebel Photograph (Unterschrift, Stand)

Foto-Ebel Neuruppin

Anmerkung:

*) Die Lehrzeit soll in der Regel drei Jahre dauern, sie darf den Zeitraum von vier Jahren nicht übersteigen (§ 130 a Abs. 1 G.-O.).

Hat der Lehrling schon in einer anderen Werkstatt des gleichen Handwerks gelernt, so ist dies unter Angabe der Zeit und des ersten Lehrherrn hierunter zu vermerken.

**) Sofort nach Einstellung ist der Lehrling bei der zuständigen Krankenkasse anzumelden, ohne Rücksicht darauf, ob der Lehrling Entgelt erhält oder nicht. Wenn der Lehrling Lohn oder eine sonstige Vergütung erhält, die nicht den Charakter eines freiwilligen Taschengeldes hat, ist er auch zur Invalidenversicherung anzumelden. Wird ihm jedoch lediglich freier Unterhalt gewährt, so unterliegt er der Invalidenversicherungspflicht nicht. Der Lehrling muß ferner ein Arbeitsbuch haben, das die Polizeibehörde ausstellt.

Besondere Bemerkungen:

Lehrmeister arisch: ja ~~nein~~

Lehrling arisch: ja ~~nein~~

Aus welcher Schulklasse entlassen: O III. Lyzeum

Eignungsprüfung bestanden am:

Form. 86. Verlag: A. Haack Buchdruckerei, Berlin SW 68, Puttkamerstr. 19 Nachdruck verboten.

gemacht. Denn auch für Hiddensee galt, dass nur ein Meister ein Fachgeschäft als Einzelunternehmen führen durfte. Im Oktober 1942 wird ihr von der Handwerkskammer zu Stralsund das Meisterprüfungszeugnis ausgestellt und ihre Zeit als Fotografenmeisterin von Hiddensee begann.

Hatten Sie in Ihrem Beruf, der ja auch heute noch eine Männerdomaine ist, Schwierigkeiten als Frau?
»Nein. Kann ich mich nicht erinnern. Und, ich sag mal so – wenn einer daher kommt, und sich benimmt, wie der letzte... also, angeberisch... ohne Achtung, dann ist der für mich erledigt. Interessiert mich nicht. Denn nicht, liebe Tante, heiraten wir'n Onkel, der ist genauso hübsch! Was soll das denn – mir ist der nur Wurscht wie irgendwas.«
Abermals war das Glück an ihrer Seite – Ilse Ebel war immer die unangefochtene Inselfotografin und es blieb ihr erspart, von Konkurrenzränken zermürbt zu werden. Sie ist auch gut durch die Systeme gekommen, ihr wollte nie einer was anhängen, weil sie ja immer gebraucht wurde, sagt sie. Doch reibungslos war auch Ilse

Fräulein Ilse Ebel

geboren am 1. 3. 1912 zu Berlin

Kreis Berlin

hat bei Herrn Max Ebel

in Neuruppin

eine ordnungsmäßige Lehrzeit im Photographen-

Handwerk vom 1. 4. 1934 bis 31. 3. 1937 zurückgelegt.

Photographen-Innung Neuruppin

Sie hat die

Gesellenprüfung

mit gut bestanden

Neuruppin, den 21. II. 1937

Der Gesellenprüfungsausschuß der Handwerker-Innung für das Photographen-Handwerk

in Neuruppin

Photographen-Innung Neuruppin

Vorsitzer

W. Gerlich Beisitzer

Ebels Berufsleben nicht. Buchvorhaben, Veröffentlichungen kamen nicht zustande, es gab Geldschwierigkeiten, sogar die Existenz des Ebelschen Fotohauses war gefährdet.

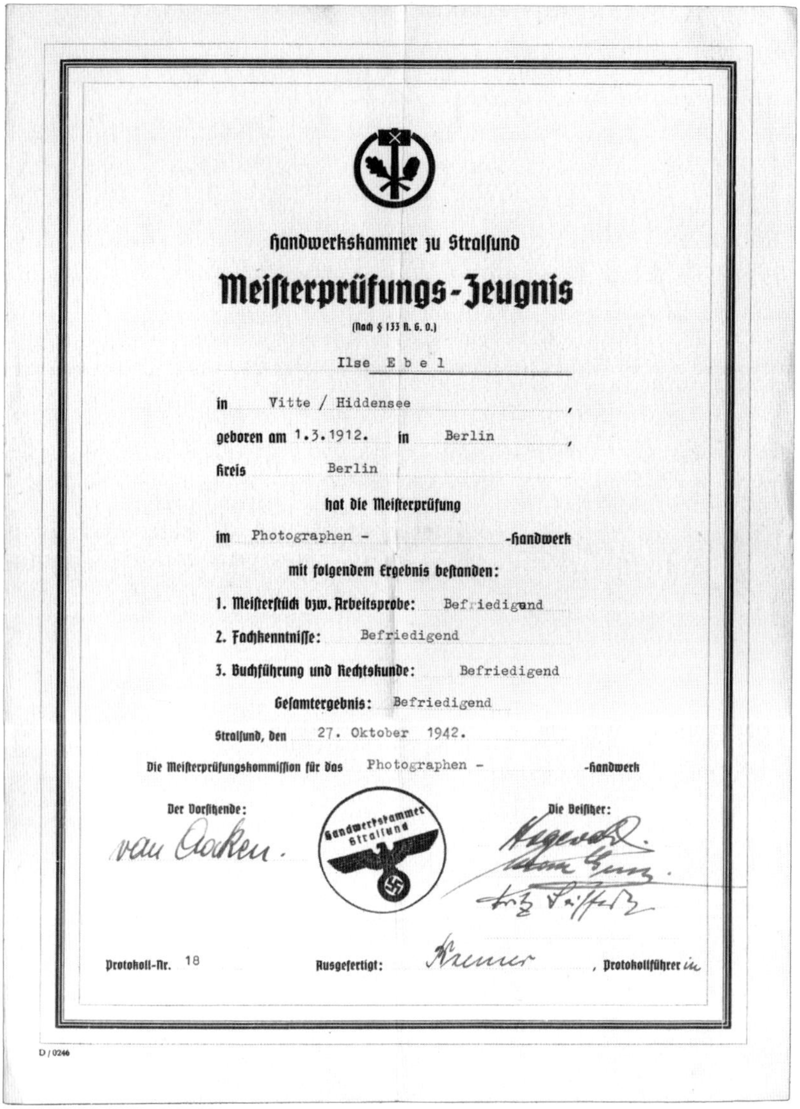

Handwerkskammer zu Stralsund

Meisterprüfungs-Zeugnis

(Nach § 133 H. G. O.)

Ilse Ebel

in Vitte / Hiddensee,

geboren am 1.3.1912. in Berlin,

Kreis Berlin

hat die Meisterprüfung

im Photographen - -Handwerk

mit folgendem Ergebnis bestanden:

1. Meisterstück bzw. Arbeitsprobe: Befriedigend

2. Fachkenntnisse: Befriedigend

3. Buchführung und Rechtskunde: Befriedigend

Gesamtergebnis: Befriedigend

Stralsund, den 27. Oktober 1942.

Die Meisterprüfungskommission für das Photographen - -Handwerk

Der Vorsitzende: Die Beisitzer:

Handwerkskammer Stralsund

Protokoll-Nr. 18 Ausgefertigt: , Protokollführerin

D/0246

Im September 1965 setzen sich Palucca und Ilse Ebel zusammen und formulieren einen Brief, den Palucca später auf ihren Kopfbogen setzen lässt und mit Professor und Vizepräsident der Deutschen Akademie der Künste unterschreibt:

›Einer Bitte von Fräulein Ilse Ebel, Vitte / Hiddensee entsprechend möchte ich eine kurze Beurteilung ihrer Arbeiten zur Verfügung stellen, wie ich sie ihr gegenüber mündlich schon oft zum Ausdruck gebracht habe.
Fräulein Ebel versteht es, ausgesprochen künstlerische Aufnahmen zu machen. Ihre Fotos von Hiddensee umfassen das ganze Inselleben: Landschaften in allen Jahreszeiten, Tier- und Pflanzenwelt, Fischer bei der Arbeit u.s.w. Die vorwiegend in Bildkarten ohne Lineatur ausgeführten Handabzüge zeigen ein hohes künstlerisches Niveau. Ich halte es für notwendig, dass diese Arbeit in ihrer vorbildlichen Form erhalten bleibt und weitergeführt wird...‹
Das Fotohaus blieb.

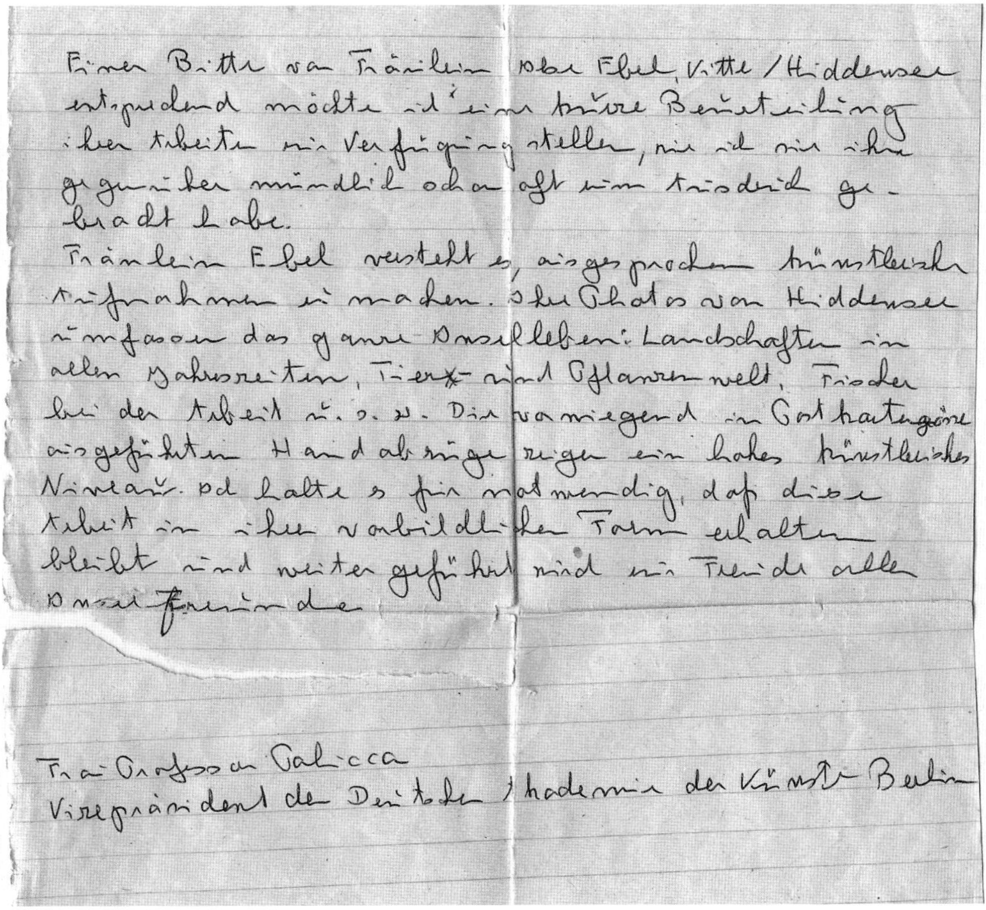
Einer Bitte von Fräulein Ilse Ebel, Vitte / Hiddensee entsprechend möchte ich eine kurze Beurteilung ihrer Arbeiten zur Verfügung stellen, wie ich sie ihr gegenüber mündlich schon oft zum Ausdruck gebracht habe.
Fräulein Ebel versteht es, ausgesprochen künstlerische Aufnahmen zu machen. Ihre Fotos von Hiddensee umfassen das ganze Inselleben: Landschaften in allen Jahreszeiten, Tier- und Pflanzenwelt, Fischer bei der Arbeit u. s. w. Die vorwiegend in Postkartengröße ausgeführten Handabzüge zeigen ein hohes künstlerisches Niveau. Ich halte es für notwendig, daß diese Arbeit in ihrer vorbildlichen Form erhalten bleibt und weitergeführt wird zur Freude aller Inselfreunde.

Frau Professor Palucca
Vizepräsident der Deutschen Akademie der Künste Berlin

Vom Ebelschen Fotohaus

Wenn man von der Kreuzung in Vitte in Richtung Norden geht, steht es rechter Hand. Ein rot angestrichenes Holzhaus, mit einer kleinen Veranda. In dieser Veranda stellten Ilse und Max Ebel ihre Arbeiten aus. Dahinter befanden sich die Arbeitsräume. An der Nordseite gab es noch ein Atelier, das wurde inzwischen abgerissen. Ihm hatte sich der Grund entzogen – im wahrsten Sinne der Wortes und weil es nicht mehr gebraucht wurde.

Die Geschichte des Fotohauses beginnt während des 1. Weltkrieges in Sellin. Familie Ebel hatte Einquartierung des Soldaten Paul Krüger, der kein Geringerer war, als der Begründer der alten Gaststätte HEIDEROSE von Hiddensee. Was der von der Insel erzählte, führte bei den Ebels zu dem Entschluss, eine Sommerfiliale auf Hiddensee zu errichten, zumal das Haus in Sellin nicht mehr lange gehalten werden konnte.
1924 war es dann so weit – die Familie hatte inzwischen ihren Wohnsitz nach Neuruppin verlegt – am Strand von Vitte war ein kleiner Holzbungalow entstanden. Das Geschäft ging gut – der Fotograf fand hier lohnende und von den Stadtmenschen gern gekaufte Motive, die Zahl der Sommergäste und damit auch die Zahl der fotografischen Aufträge stieg. Denn Hiddensee war in Mode gekommen und noch

Das frisch fertiggestellte Fotohaus im Juli 1929

immer haftete der Fotografie und dem Können des Fotografen ein Teil des Entzückens und der Exklusivität aus dem vergangenen Jahrhundert an.
»Ja, das war hier alles anders,« erinnert sich Ilse Ebel. »Ein paar Maler waren da – vor allem in Kloster und sonst keiner. Nur ganz wenig Badegäste. Später kamen auch noch andere Künstler dazu. Alles ganz einfach. Auch die Fischer waren sehr einfach. Und dann wurden es ein paar mehr Menschen. Nicht so wie heute, aber doch schon mehr.«
Die Künstler kamen aus den pulsierenden, sich überschlagenden, gleichzeitig zerstörerisch und anregend wirkenden Städten – viele aus Berlin, das in den Zwanzigern zu einer Viermillionenmetropole herangewachsen war und wo man sich trotz elender Lebensbedingungen zumindest zeitweise aufhielt, da die Stadt zu einem für die damalige Welt einmalig guten Platz für die Kunst und die ganze geistige Produktion geworden war. Sie fanden auf der Insel einen idealen und bezahlbaren Ort der Erfüllung ihrer Sehnsüchte nach Ursprünglichkeit, Einfachheit und Unverdorbenheit. Einen Ort des mangelhaft bekleideten und ungezwungenen Austausches. Einen Ort der Inspiration, einen Ort für Unsinn und Jux, für Flirts und Nacktbaderei. Einen Ort, wie geschaffen für einen geborgten Ausstieg und Besinnung. Im Sand von Hiddensee, in der Weite, in den Häusern der Geselligkeit traf sich hier, wer gerade den Dunstkreis des ROMANISCHEN CAFÉs in Berlin – wo man Künstler und politische Leute kennenlernen konnte – verlassen hatte. Wer nach neuen Ausdrucksmöglichkeiten und neuen gesellschaftlichen Bindungen suchte, kam nach Berlin; wer nach innerer Sammlung, nach Beschwingung, nach Erfrischung suchte – oder auch Mäzene und Protektoren für sich gewinnen wollte, nach Hiddensee.
Und wie es immer geht, seit es die Sehnsucht nach Idyllen gibt, strahlte auch von dieser weltfremden, extraordinären Zuflucht eine hohe Anziehungskraft in die Welt, die Hiddensee als eine solche berühmt machte und damit gleichzeitig seine Verwandlung bewirkte. Am Ende der Zwanziger war Hiddensee ein Ort geworden, an dem man gewesen sein musste, um auf der Höhe der Zeit zu sein.

Max Ebel war seit 1924 immer in den Sommermonaten hier, Ilse Ebel, ihre Schwester und ihre Mutter in den Sommerferien. In dieser Zeit wohnten sie im Haus Süderende 6, heute HAUS SEESTERN, hinterer Eingang. 1928 wurde dann das Fotohaus gebaut und die Familie hatte ihr eigenes Sommerdomizil und ein Atelier auf der Insel. Ilse Ebel wagte die ersten Schnappschüsse von diesen anziehenden

Menschen – den Künstlern und den Fischern – und fotografierte die Fischerorte, die Späße am Strand, technische Attraktionen wie den Zeppelin über der Insel oder die Wasserflugzeuge und die Überfahrten. Max Ebel sind aus dieser Zeit traumhafte Landschaftsbilder zu verdanken und Fotos, die die Arbeit der Fischerpartien idyllisch abbilden, feinsinnige Portraits und Momentaufnahmen von der Insellebenslust der Stadtflüchter.
Im Laufe der nächsten Jahre hatte die Familie sowohl das ATELIER REMBRANDT, als auch das 1930 eröffnete Geschäft mit fotografischen Geräten und Zubehör in Neuruppin aufgegeben und siedelte 1938 ganz nach Hiddensee über. Kurz zuvor erlebte die Insel einen wirtschaftlichen Aufschwung. Neue Feste wurden gefeiert, neue Gäste kamen in großer Zahl – begeistert von Natur und Urwuchs, wenn auch von anderem Sinn – und belebten die Geschäfte.
So war das kleine Fotohaus, die LICHTBILDNEREI EBEL, das letzte produktive Refugium der Ebels geworden. Katharina Ebel führte bis in die 50er Jahre hinein mit eiserner Hand die Geschäfte, Max Ebel war der erste Fachfotograf auf der Insel. Ilse Ebel trat in seine Fußstapfen und hinterließ sehr bald ihre eigenen Spuren.

Im Fotohaus wurde fotografiert, entwickelt, gewässert, fixiert, entfleckt, retuschiert und koloriert. Die Arbeiten wurden im Handdruck in verschiedenen Größen hergestellt und vorrangig als Fotoarbeit, aber auch als Postkarte verkauft. Und versandt. Viele der Sommerbewohner der Insel konnten sich auf diesen Service verlassen. Max Ebel war eine Zeit lang noch der Fachmann für Portraitaufnahmen und die Retuschier- und Kolorierarbeiten. Darauf hatte er sich mit dem Umzug der Familie nach Hiddensee mehr und mehr zurückgezogen, die Zeiten der weihevoll betriebenen Fotografie für sich weiter lebend.

Zudem wurden Amateurarbeiten, Einrahmungen und Passepartouts besorgt. Und Sonderwünsche erfüllt, wie Kinder- und Familienaufnahmen am Strand, Fotos von Tieren, Außen- oder Innenaufnahmen von Häusern.
Auch Aktfotos. Zumindest noch in den fünfziger Jahren. Die meisten Sommergäste verfügten, ähnlich wie in den Zeiten als Max Ebel noch fotografierte, in der Regel nicht über einen eigenen guten Apparat und kamen mit ihren Kenntnissen nicht an die eines Fotografen heran – hatten wohl aber gleiche Wünsche wie heute. Also gingen einige ins Fotohaus, um von sich eine perfekte Aufnahme anfertigen zu lassen. Ilse Ebels erster und einziger Lehrling, Veronika Möbus, er-

innert sich zwar lächelnd aber mit Schaudern an eine außerordentlich beleibte Dame, die sie am Strand nackt aufnehmen sollte. Sie wollte das nicht – zumal ihr das Fotografieren sowieso nicht so lag, lieber mochte sie das Handwerkliche, das Ausflecken, das Retuschieren, die Entwicklungsarbeit – aber da kannte Ilse Ebel als Lehrausbilderin kein Pardon: Eine Fotografin werden zu wollen, bedeutet eben auch fotografieren zu können. Und zwar die ganze Palette. Also schickte sie ihren Lehrling los. Veronika Möbius hat die Aktaufnahme schließlich überstanden, wie auch ihre Gesellenprüfung. Theorie und die Praxis lehrte Ilse Ebel sie, die Prüfung legte sie in Stralsund ab. Beide erarbeiteten ihr Gesellenstück – ein Album mit fotografischen Arbeiten aller Fächer und Ilse Ebel gab ihr einen Eigenreim mit auf den Weg: ›Freut euch am Bild / urteilet mild / leicht ist es nicht / zu meistern das Licht.‹

Veronika Möbus, damals Veronika Delius, lernte bei ihr von 1948 bis 1951. Ilse Ebel hatte Hilfskräfte zum Ausflecken der Bilder gesucht. Das war eine Arbeit, bei der jedes einzelne Bild mit Bleistiften verschiedener Härten ausgebessert oder schraffiert wurde. Der jungen Frau hatte die Arbeit so gut gefallen, dass sie unbedingt den Beruf erlernen wollte. Also verhandelte Ilse Ebel mit Katharina

Ilse Ebel mit ihrem Lehrling Veronika Möbus (rechts) und einer ihrer Helferinnen Ruth Niemann (links)

Ebel einen Ausbildungsvertrag und das Lehrgeld. Das betrug im ersten Jahr 20, im zweiten Jahr 30 und im letzten Jahr 40 Mark pro Monat. Nach dem Ende ihrer Ausbildung konnte Ilse Ebel für die junge Frau 150 Mark Gehalt erwirken und 30 Mark zusätzlich für die Arbeit, die im Sommer oft bis tief in die Nacht hinein andauerte und vorwiegend in der Dunkelkammer stattfand.
Ilse Ebel fühlte sich für die junge Frau verantwortlich, da deren Mutter wieder nach Berlin gegangen war. Sie brachte ihr das Handwerk bei; sie feierten zusammen, gingen zu Maskenbällen oder den Reunions in den Sälen von Hiddensee; Ilse Ebel half der jungen

Ilse Ebel und ihr Lehrling Veronika Möbus um 1950

Veronika Möbus bei
r Arbeit im Fotohaus
ca. 1950

Frau behutsam über die Auswirkungen von Obstwein hinweg, der zur Premierenfeier des ›Hiddenseer Fischerspiels‹, bei dem Veronika Möbus auch mitgespielt hatte, reichlich floss; Ilse Ebel beherbergte die junge Frau, als sie beim Hochwasser 1949 nicht mehr nach Hause kam; sie versorgte sie am Morgen zu Beginn der Arbeit mit einer Brühe und kaufte ihr die ›Berliner‹ während ihrer gemeinsamen Herbstfototour.
Fast einen ganzen Herbst lang, zu allen erdenklichen Tageszeiten, waren die beiden unterwegs, um Landschaftsaufnahmen zu machen. Ein anderes Mal hatten sie monatelang damit zu tun, die Passbilder für die neuen Personalausweise der neuen DDR herzustellen. Sie marschierten mit Kamera und Lampen nach Neuendorf und Kloster, um dort die Leute, die nicht mehr so gut zu Fuß waren, aufzunehmen.
Aber die Rolle der Lehrausbilderin ist ein Sonderfall im Leben von Ilse Ebel gewesen, der vielleicht nur eintrat, weil sie einer jungen Frau einen Wunsch erfüllen wollte.

Im Fotohaus gab es eine kleine Küche, die als Dunkelkammer diente. Dort standen der Kopierapparat, das Vergrößerungsgerät, Steingutentwicklerschalen, eine Bilderpresse und drei Tanks aus Steingut zum entwickeln, wässern und fixieren für die Rollenfilme sowie alle Chemikalien, die selbst angesetzt und je nach der Qualität der Filme und für gewünschte Nuancen in den Grauwerten gemixt wurden. Die entwickelten Filme wurden dann zum Trocknen auf dem Boden aufgehängt, was im Sommer, wenn es richtig heiß war, auch zu einem Malheur führen konnte, denn dann rutschte die Gelatine von den Filmen und alles war hin. Dort oben wurden die Bilder auch zum Trocknen ausgelegt – auf dem Bett vom ›Alten‹, wie Max Ebel heimlich von Ilse Ebel und ihrem Lehrling genannt wurde, er hatte in den ehemaligen Sommerschlafkammern inzwischen sein Nachtlager aufgeschlagen.
An der Nordseite befand sich in guter alter Manier das Atelier. Ein kleiner Raum für die Portraitaufnahmen und die Arrangements, mit Lampen, Weichstrahlern und einigen Ausstattungsgegenständen,

Leuchten- und Kamerastativen. Hier war auch noch eine alte 13 x 18 Kamera aus Holz mit Balgenauszug und dem berühmten schwarzen Tuch, unter dem der Fotograf verschwand, den Deckel vom Objektiv nahm und zählte, in Betrieb. Sie brachte die Aufnahmen auf eine mit Gelatine beschichtete Glasplatte, auf der man gut retuschieren konnte. Ein am Ende des 19. Jahrhunderts, im Zuge des Ringens um farbrichtige Grauabstufungen, konturenreine Bilder, die sanfte Verteilung des Lichts und die Zartheit der Zeichnung, entwickeltes Verfahren. Max Ebels Domaine.
Im hinteren Teil des Hauses befand sich unter der Treppe zum Boden ein kleiner Arbeitsraum für die Bildbearbeitung mit Hochglanzpresse und Beschneider sowie eine Handpumpe und ein Ausgussbecken. In der Veranda zur Straße hin, wurden die Fotografien ausgestellt. Einen kleinen mit Korbmöbeln ausgestatteten Verkaufsraum gab es auch noch, in dem nur die eigene Leistung verkauft wurde. Kein Fotozubehör, keine Filme, keine Kameras – nichts derartiges. Im Sommer wurde allein mit der fotografischen Arbeit erwirtschaftet, was für ein Jahr reichen musste.

Das Atelier im Fotohaus

Das Arbeitsinventar änderte sich nicht großartig über die Jahre. Zwar wurden modernere Objektive angeschafft, andere Kameras – aber die Arbeit blieb Handarbeit und nahm mit der steigenden Zahl der Urlauber noch zu. So waren die Sommer wegen der vielen Amateurarbeiten bald von Nächten in der Dunkelkammer geprägt und auch Herbst und Winter wegen des Vervielfältigens der Fotoarbeiten und Postkarten reichlich mit Arbeit angefüllt – im Laufe der Zeit mussten für den kommenden Sommer tausende Abzüge von verschiedenen Motiven in Handarbeit vorbereitet werden. Dabei hat Ilse Ebel keinen Fehler durchgehen lassen, war genau, perfekt und penibel. Dieses Pensum war in der Hauptsaison ohne Helfer, die wässerten, trockneten und die Fotos beschnitten, nicht zu bewältigen. Außerdem musste das Haus selbst, so gut es ging, erhalten werden. Doch wie Veronika Möbus kann sich auch Brigitte Jäger, eine der Helferinnen im Fotohaus, nicht daran erinnern, dass die Arbeit je den Frohsinn erstickt hätte. Und wie zum Beweis holt sie Schnappschüsse von Ilse Ebel hervor – Fotos von Dachausbesserungsarbeiten am Fotohaus -, die Herrn Kalli Schäwe, sie und Professor

Kalli Schäwe, Brigitte Jäger und Prof. Flimmrich bei einer Arbeitspause

Flimmrich zeigen, der eine augenscheinlich sehr lustige Lesung auf dem Gerüst abhielt.

Die Arbeit im Fotohaus hatte sich zu der lichtbildnerischen Arbeit in Max Ebels Ateliers schon sehr gewandelt. Seine Ateliers waren Stätten der fotografischen Kunst gewesen und so lange es ging, hatte er sich deutlich von dem um die Jahrhundertwende mit der Verbreitung von KODAKs Rollfilmkamera aufgekommenen neuen Spaß vieler Leute – dem auf den Knopf drücken – distanziert. ›you press the buttom, we do the rest‹ hieß der Slogan, mit dem die Firma KODAK ihre neue Erfindung langsam aber sicher unter die Leute brachte und die Amateurfotografie mitbeförderte. Ein Slogan, der den Berufsfotografen regelrecht zwang sich davon abzuheben.
Max Ebels Atelier in Tondern und auch das in Sellin war großzügig gestaltet, das in Neuruppin zumindest so angelegt: große Fenster, verschiebbare Vorhänge, ein Tageslichtstudio für Portraitaufnahmen und Mobiliar, das den Räumen ein besonderes Flair gab; sie hatten ein elegantes Interieur, um die Personen in eine gut aufgelegte Stim-

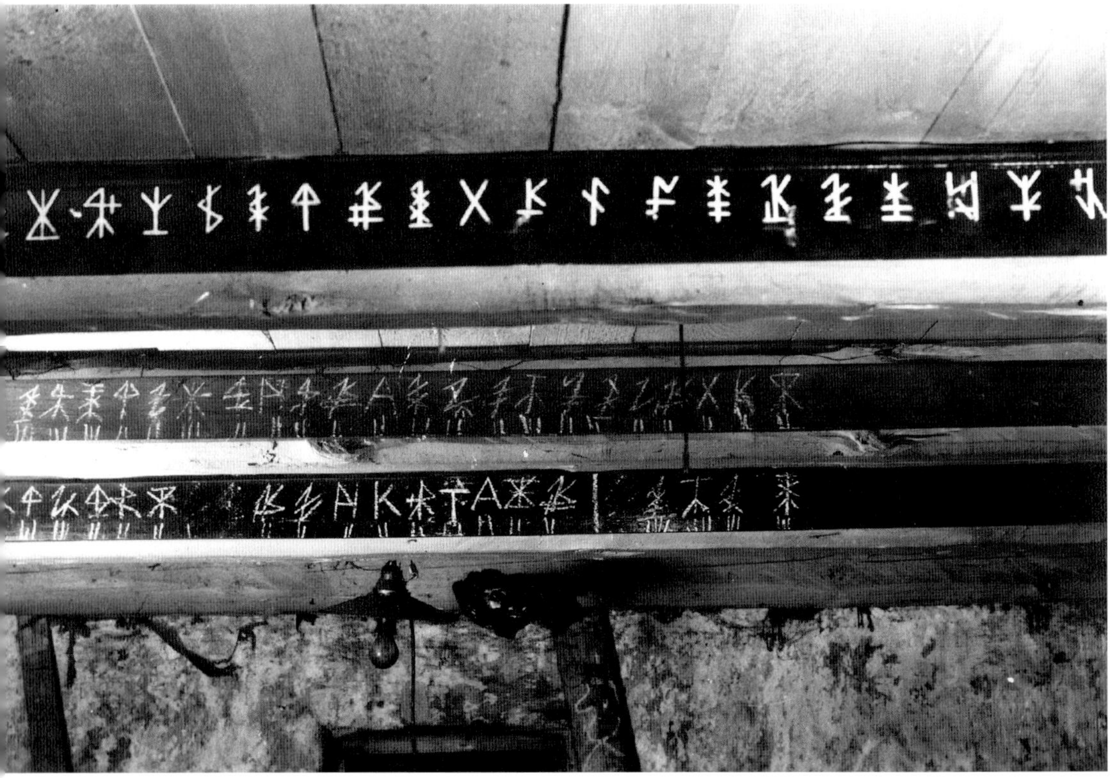

Hausmarken der Fischer

mung zu versetzen, er kannte die Arbeit mit Draperie, Staffage, Kulissen, Kostümen und Requisiten; er beherrschte die komplizierten Apparate, die besonderen Regeln für die Gestaltung der Portraits, das Licht, die Geheimnisse der Entwicklung, die Kunst des Bildes. Und so lange es ging, war er weder ein Verkäufer von Geräten noch ein Dienstleister für die Amateurfotografie gewesen.
Das Fotohaus auf Hiddensee war eine kleine Produktionsstätte geworden und ein großer Teil der fotografischen Arbeit war dem Handwerk zugekommen.

Für ausgiebige Fototouren durch die Landschaften der Insel war nicht oft Zeit. Dennoch hat Ilse Ebel immer ihren Leidenschaften, der Fotografie und Hiddensee, gefrönt. Sie fotografierte den echten Goldschatz der Insel und die Grabplatte des Klosterabtes Runnenberg für das Stralsunder Museum, sowie bedeutende Bauwerke und Häuser wie das GERHART-HAUPTMANN-HAUS, die LIETZENBURG oder die kleine Inselkirche, das KLOSTERTOR, die SCHWEDISCHE BAUERNSCHÄNKE Ettenburgs, die alten Fischerhäuser, die schwarze Mühle, den großen Leuchtturm auf den Dornbuschhügeln im Norden und den kleinen im Süden, Asta Nielsens KARUSEL und auch das Efeuhaus für Veröffentlichungen. Sie hat historische Unterlagen oder Kunstwerke der ansässigen Künstler reproduziert. Auch Typisches und Besonderes im Leben der Hiddenseer wie die Hausmarken der Fischer oder traditionelle Arrangements für die verschiedensten Feiertage oder die Aufführung des legendären ›Hiddenseer Fischerspiels‹ lichtete sie ab. Sie fotografierte die Fischer bei der Arbeit – und man sieht: sie sind wer. Auch sie sind eins mit dem, was sie tun.
Sie hat alle Schulklassen der Insel aufgenommen, Hochzeiten, Familienfeste, Einsegnungen, sie hat Portraits angefertigt, Familienaufnamen, Passbilder... und sie liebte es Schnappschüsse von den berühmten, halbberühmten oder auch nur sympathischen Inselgästen zu machen. Ilse Ebel hatte mit allen zu tun: mit den einheimischen Leuten, den Honoratioren, den Sommerbewohnern, den Urlaubern... Und so ist sie eine Inselinstanz und auch eine Chronistin der Insel geworden.

Die Fischer bei der Arbeit, Ende der 50er Jahre

Fischerboot am Weststrand

»Hiddenseer Fischerspiel« ...

inszeniert von
Felix Emmel mit
Musik von Maria Kruse
1951

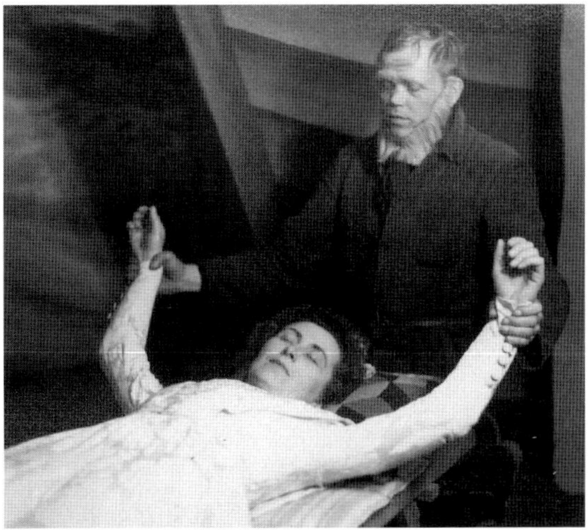

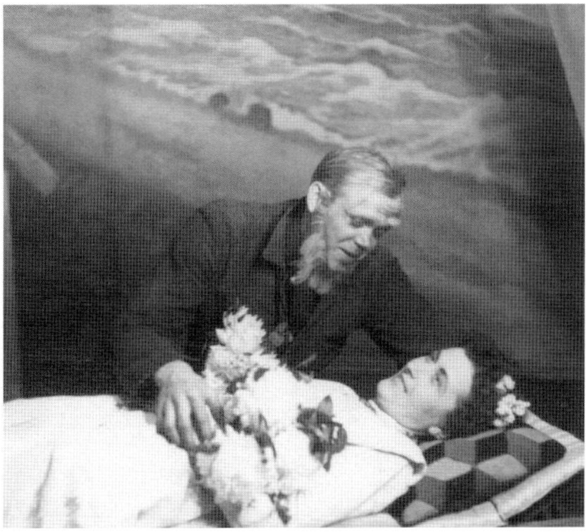

Die Schwedische Bauernschänke Alexander Ettenburgs in Grieben Mitte der 20er Jahre

"Inselblick" mit Lietzenburg um 1940

Das alte Klostertor, 60er Jahre

Gerhart-Hauptmann-Haus, Blick in das Arbeitszimmer

Der Kreuzgang im Gerhart-Hauptmann-Haus

Gerhart Hauptmanns Arbeitszimmer

Die Inselkirche in Kloster

Der Goldschmuck von Hiddensee aus dem 10. Jahrhundert

Und noch einmal war Ilse Ebel an dem fotografischen Weg einer Frau beteiligt. Maya Löffler, die Inhaberin des ›Fotostudios Löffler‹ in Vitte, hat bis zum Abschluss ihrer Ausbildung zur Fotografin bei ihr gearbeitet. Im Juni 1980 hat Ilse Ebel ihr das Fotohaus mit fast allem was drinnen war, verkauft und ermöglichte es ihr so, sich auf der Insel Hiddensee eine Existenz aufbauen zu können.
Bis 1991 noch blieb das Fotohaus ein Fotohaus und so in seiner ursprünglichen Bestimmung erhalten. Ilse Ebel indes hatte mit 68

Hiddenseer Bügelbaum

Jahren beschlossen, überhaupt nicht mehr in geschäftlichen Abläufen zu leben. Danach ist sie wieder losgegangen und hat ihre Insel fotografiert.
Eine alte Entwicklerschale aus Steingut für Planfilmnegative aus dem Ebelschen Fotohaus steht auf der Wiese vor Ilse Ebels Veranda und dient als Blumenkasten.

Reproduktion ›Heining‹ von Elisabeth Büchsel

Nachbelichtung

Ilse Ebel war und ist am Gelungenen, am Schönen, am Angenehmen interessiert, am Einklang der Dinge, an natürlicher und harmonischer Komposition. Vieles auf Hiddensee sprach vieles in ihr an und so blieb sie. Sie nahm es – dieses Inselleben, wie man einen unverhofften Fund annimmt, der einen belebt und mit dem man etwas anzufangen weiß. Im Zusammenspiel mit ihrer unversiegbaren Lebenslust und ihrem Können ist sie reich geworden. Reich an vielen kleinen Kostbarkeiten, die sie sich selbst geschaffen hat.

Ilse Ebel konnte über die Jahre hinweg ganz bei sich und ihrem Gefallen bleiben und so in ihrer eigenen Augen-Welt. Eine Ausschließlichkeit, die gerade nicht – auch wenn es Menschen geben mag, die diesen Schluss bevorzugen – zu einer Einengung ihres Wesens führte. Eine Versunkenheit in sich selbst, in der sich ihre innere Komposition entfalten konnte. Die Poesie eines eigenwilligen Lebens kam zum Vorschein, das so viel mehr ist, als die Einordnung in die Schubläden unserer faktischen Zeit zulässt. In keiner anderen Konstellation, an vielleicht keinem anderen Ort wäre das möglich gewesen.

Reproduktion "Die blaue Scheune" von Erich Jackstädt

Schnappschuss

Es ist so weit. Wir sind fertig. Ich packe Fotos und Unterlagen ein. Ilse Ebel bringt mich zum Schiff. Wir plaudern, lachen. Sie treibt mit mir ihre Scherze.
»Na, sie wollen ja nicht auf der Insel bleiben... Ihnen gefällt es hier ja nicht...«
Eigenartig – ich habe gar kein Problem mit dieser Verabschiedung. Es gibt nicht diese leeren Minuten bis das Schiff endlich ablegt, die den Wechsel von einer Welt in eine andere so unendlich verlängern und denen man so hilflos ausgeliefert ist. Alles ist in Fröhlichkeit getaucht. Ja! Ich komme wieder!
»Na, fabelhaft. Ich freu mich.«
Das Schiff legt ab. Bald kann ich den ganzen Anleger und dann ein Bild von Vitte sehen. Die Menschen am Hafen werden zu bunten Punkten. Aber Ilse Ebel ist gut aus der Menge heraus zu erkennen. Sie wiegt sich leicht von einem Fuß auf den anderen, wie im Tanz. Ganz sicher singt sie eine Melodie dazu. Übermütig und weit ausholend schwingt sie ihr weißes Tuch. In diesem Moment weiß ich, sie hat mir etwas unendlich Kostbares geschenkt.

Verabschiedung am Hafen

Jetzt merke ich selber erst mal, was ich alles so gemacht habe...

Die Fotos der Ilse Ebel werden als Postkarten verkauft, sind in Zeitschriften und Magazinen zu finden, in Büchern, Ausstellungen und Museen bzw. in deren Archiven (eigenartiger Weise nicht in dem des Inselmuseums) und sogar im Internet. Dennoch: eine umfassende Übersicht über Ausstellungen und Veröffentlichungen ihrer Fotografien zusammenzustellen, war mir nicht möglich. Der Nachweis über die Urheberschaft lässt in den Publikationen oft zu wünschen übrig – es kommt vor, dass Ilse Ebels Name gar nicht erwähnt wird. Sie selbst hat sich nichts dazu notiert.
Ilse Ebel hat vieles sichtbar gemacht, nur nicht sich – als Meisterin ihres Fachs, als Fotokünstlerin. Sie sieht sich auch nicht als eine solche. Sie hat sich niemals um die Exposition ihrer Arbeiten bemüht. Eine Diskussion darum, ob ihre Bilder nun Kunst seien, oder nicht, ist ihr nicht (mehr?) wichtig.

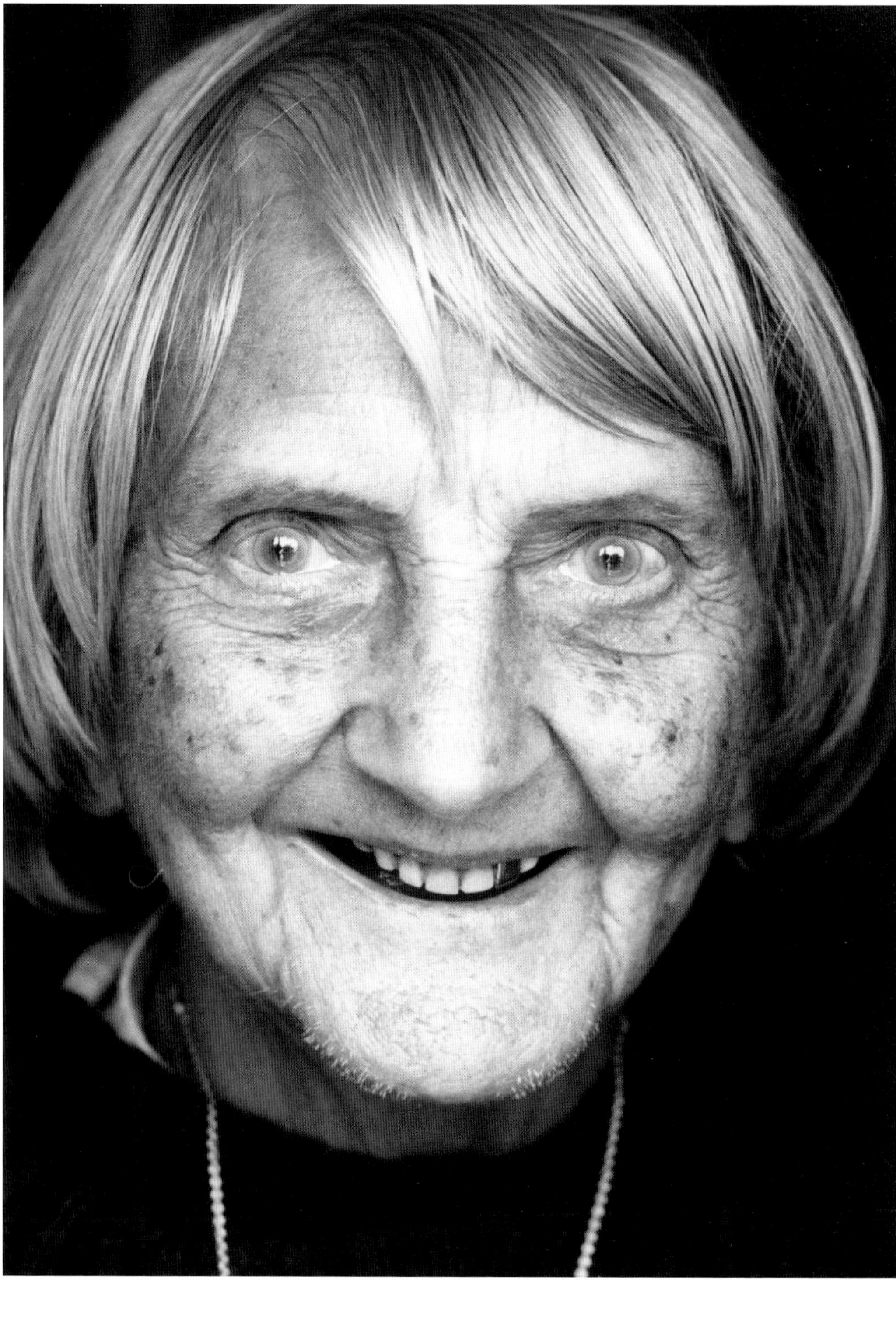

Ausstellungen:

- 1994 im STADTMUSEUM DRESDEN
  Ausstellung anlässlich des 1. Todestages von Palucca, u.a. mit Fotos von Ilse Ebel

- Juli / August 1997 im HENNI-LEHMANN-HAUS Vitte
  PALUCCA AUF HIDDENSEE
  Steinesammlung und biographische Zeugnisse von Gret Palucca, Fotos von Ilse Ebel anlässlich der 1. Tanzwoche der Palucca-Schule auf Hiddensee

- 1999 im Westerländer SYLTNESS-CENTER und in Klappholttal in der AKADEMIE AM MEER auf Sylt PALUCCA - TÄNZERIN UND PÄDAGOGIN, u.a. mit Fotos von Ilse Ebel

- Sommer 2000 im HAUS AM HÜGEL in Kloster
  ILSE EBELS PALUCCA BILDER
  Eine Auswahl ist unter www.kreidefelsen.de auf der Fotografenseite zu sehen

- 2000/2001 in der GALERIE AUF DER TREPPE am Achterdieck, Vitter Hafen
  Fotos von Ilse Ebel

- 2001 im HAUS DER WIRTSCHAFT in Berlin
  75 JAHRE PALUCCA - SCHULE, u.a. mit Fotos von Ilse Ebel

- Winter 2001/2002 im HENNI-LEHMANN-HAUS Vitte
  HIDDENSEE IM WANDEL DER ZEIT – eine Dokumentationsausstellung von Maya Löffler mit Fotos von Max Ebel, Ilse Ebel und Maya Löffler

- 2. März 2002 im HENNI-LEHMANN-HAUS Vitte
  ILSE EBEL - Ausstellung anlässlich ihres 90. Geburtstages und danach:

- Oktober 2002 in der Galerie des GARTEN INFERNALE in Berlin - Pankow

Veröffentlichungen:

- 1 Foto in PALUCCA, Edith Krull und Werner Gommlich, Henschel-Verlag, Berlin, 1964
- 3 Fotos in PALUCCA - PORTRAIT EINER KÜNSTLERIN, Gerhard Schumann (Hrsg.), Henschel-Verlag, Berlin, 1972
- 10 Fotos GANG ÜBER DIE INSEL, Handdruck, in einer Fotomappe, H.C. Schmiedicke Verlag, 1975
- ca. 5 Fotos in HIDDENSEE, Herbert Ewe, Hinstorff-Verlag, Rostock, 1983
- 2 Fotos in GERHART HAUPTMANN GEDENKSTÄTTE KLOSTER AUF HIDDENSEE, Ostsee-Druck, Rostock, 6. Auflage 1983
- 5 Fotos in DORNBUSCHINSEL, Michael Baade, Rostock, 1986
- 3 Fotos in HIDDENSEE - EINE INSEL FÜR JEDE JAHRESZEIT, Hans-Christof Wächter, Ellert&Richter-Verlag, Hamburg, 1992
- 5 Fotos in HIDDENSEE - INSEL DER FISCHER, MALER UND POETEN, Michael Baade, Wolf-Diemar Stock, Galerie-Verlag, Fischerhude 1992
- 5 Fotos und 2 Titelfotos in HIDDENSEE / STRALSUND - REISE-FÜHRER ÜBER DIE INSEL, Arne Gustavs, Gustavs Verlag, Joachimstal, 1994
- Das Portrait von Elisabeth Büchsel in ELISABETH BÜCHSEL - DIE MALERIN VON HIDDENSEE, Pastor Domrös (Hrsg.), FC Verlag Frank Müller, Rostock
- ca. 3 Fotos in HIDDENSEE - BILDER UND TEXTE VON DAMALS, Andreas Arendt, Artcolor Verlag, Hamm, 1995
- 2 Fotos in GERHART HAUPTMANNS HIDDENSEE, Rüdiger Bernhard, Ellert&Richter-Verlag, Hamburg, 1996
- 2 Fotos in HIDDENSEE, Herbert Ewe, Hinstorff-Verlag, Rostock, 1996
- 3 Fotos und Einband-Rückseite in PALUCCA. AUS IHREM LEBEN - ÜBER IHRE KUNST Peter Jarchow und Ralf Stabel, Henschel Verlag Berlin, 1997

- 2 Fotos im STERN, im Beitrag REIF FÜR DIE INSEL, Ausgabe vom 17.09.98, Heft 39/98

- Sie selbst wie sie leibt und lebt und viele schöne Fotografien von ihr im Film DIE FOTOGRAFENMEISTERIN VON HIDDENSEE; ILSE EBEL - EIN INSELLEBEN, 1998/1999 von Petra Liesenfeld

- 19 Fotos in HIDDENSEE - EIN LESEBUCH, Renate Seydel (Hrsg.), Ullstein, München, 2000

- 25 Fotos in HIDDENSEE - GESCHICHTEN VON LAND UND LEUTEN, Renate Seydel (Hrsg.), Ullstein, München, 2000

- Das Titelfoto zu DIE WEISSE FRAU VON HIDDENSEE - Mysterienkrimi, Hans-Jürgen Schuhmacher, buch.macher.autoren.verlag, Mesekenhagen, 2001

- mind. 4 Fotos in DAS CAPRI VON POMMERN - GESCHICHTE DER INSEL HIDDENSEE VON DEN ANFÄNGEN BIS 1990, Manfred Faust, Ingo Koch Verlag, Rostock, 2001

- 3 Fotos von Palucca in TANZ PALUCCA! DIE VERKÖRPERUNG EINER LEIDENSCHAFT. DIE BIOGRAPHIE, Ralf Stabel, Henschel-Verlag, Berlin, 2001

- 2 Aufnahmen im Palucca-Dokumentarfilm ICH WILL NICHT HÜBSCH UND LIEBLICH TANZEN, Ralf Stabel und Konrad Hirsch, Hirsch-Film Dresden, 2002

Ein Kartensatz mit 9 farbigen Motiven LANDSCHAFTEN UND BLICKE wird in der Buchhandlung KORALLE, in Vitte angeboten, 17 Reproduktionen historischer Fotos LANDSCHAFTEN UND BERÜHMTE INSELGÄSTE im FOTOSTUDIO LÖFFLER, ebenfalls in Vitte. Ihr Fotoarchiv über Palucca befindet sich im Besitz der PALUCCA-SCHULE Dresden, die es 1987 von ihr käuflich erwarb.

Quellen:

· die Fotos der Ilse Ebel und ihre Familienalben

· das Tagebuch der Harzreise von 1953

· die Briefe von Palucca

· Urkunden, Zeugnisse, Verträge und andere Zeitdokumente aus Ilse Ebels Leben

· Zeitungsausschnitte

· Petition zum Palucca-Haus Hiddensee

· INSELNACHRICHTEN 4, 6, 8/01 und 1+2, 3/02

· NATIONALPARK-INFO 10+11/2001

· PALUCCA. AUS IHREM LEBEN - ÜBER IHRE KUNST, Peter Jarchow und Ralf Stabel, Henschel Verlag Berlin, 1997

· PALUCCA - PORTRAIT EINER KÜNSTLERIN, Gerhard Schumann (Hrsg.), Henschel-Verlag, Berlin, 1972

· PALUCCA - TANZ UND ZEITERFAHRUNG IM 20. JAHRHUNDERT, Katja Erdmann-Rajski, Georg Olms Verlag, Hildesheim. Zürich. New York, 2000

· TANZ, PALUCCA! DIE VERKÖRPERUNG EINER LEIDENSCHAFT, Ralf Stabel, Henschel Verlag Berlin, 2001

· HIDDENSEE - INSEL DER FISCHER, MALER UND POETEN, Michael Baade, Wolf-Diemar Stock, Galerie-Verlag, Fischerhude, 1992

· HIDDENSEE - EIN LESEBUCH, Renate Seydel (Hrsg.), Ullstein, München, 2000

· HIDDENSEE - GESCHICHTEN VON LAND UND LEUTEN, Renate Seydel (Hrsg.), Ullstein, München, 2000

· DAS CAPRI VON POMMERN - GESCHICHTE DER INSEL HIDDENSEE VON DEN ANFÄNGEN BIS 1990, Manfred Faust, Ingo Koch Verlag, Rostock, 2001

· DIE WEIMARER REPUBLIK - KRISENJAHRE DER KLASSISCHEN MODERNE, Detlev J. K. Peukert, Suhrkamp Verlag, Frankfurt am Main, 1987

· DIE MODERNE - EIN UNVOLLENDETES PROJEKT, Jürgen Habermas, Reclam, Leipzig, 1990

ERZIEHUNG IST KUNST - PÄDAGOGIK AUS ANTHROPOSOPHIE, Wolfgang Schad, Fischer Taschebuch Verlag, 1986

DAS EIGENE DER FRAUEN, Dagmar Müller, Verlag Freies Geistesleben, Stuttgart, 1994

RUDOLF STEINER UND DIE GRÜNDUNG DER WELEDA, Beiträge zur Gesamtausgabe, Nr. 118/119, 1997

GESCHICHTE DER MALEREI IM 20. JAHRHUNDERT, Horst Richter, DuMont Buchverlag, Köln, 1990

DIE WELT IN EINEM AUFGENBLICK, Hermann Schreiber, Kultur- und Sittengeschichte der Fotografie, Erdmann Verlag, Tübingen & Basel, 1969

SPAZIERGANG durch die Geschichte der FOTOGRAFIE, Dieter Martin, Selbstverlag, Hamburg, 1996

LEICA R8, Die Leica R-Philosophie in Vollendung, Dokumentation des Hauses Leica, 1997

Internet (www.lausch.com, www.hiddensee.de, www.kreidefelsen.de, www.leica-camera.com, www.forum-anthroposophie.de, www.anthroposophy.com)

Für Auskünfte und Unterstützung danke ich:

An allererster Stelle Ilse Ebel, die mir vertraute und viele Stunden an vielen Tagen die Interviewarbeit tüchtig durchgestanden hat und mir vielerlei Einblicke in ihr Leben gestattete sowie weiterhin:

- der Autorin Dr. Renate Hoffmann, die ein eigenes Vorhaben zurückstellte und ihrem Mann, dem Maler Peter Hoffmann, die beide auf mehrerlei Art am Zustandekommen des Buches hilfreichen Anteil hatten,

- Angelika Schmidt vom Inselreformhaus „Kiek In" in Vitte, welche das Projekt organisatorisch unterstützte.

- dem Archivar der PALUCCA-SCHULE, Herrn Robert Müller, der den Abdruck der Palucca-Fotos unkompliziert gestattete sowie Prof. Dr. Ralf Stabel,

- dem ersten und einzigen Lehrling von Ilse Ebel, Frau Veronika Möbus, die auch Fotografien von der Arbeit im Fotohaus zur Verfügung stellte,

- dem freien Pressefotografen Eckard Mildner, der seine Fotografien kostenfrei zur Verfügung stellte,

- dem Chef des KAMERA-SERVICE-OSTKREUZ, der mich in der Leica-Passage beriet,

- Frau Brigitte Jäger, die für dieses Buch Fotos von ihren Wänden nahm,

- Frau Gau vom Inselmuseum für Vermittlung und Frau Dr. Wolff vom Naturparkhaus für fachkundige Beratung,

- der Mannschaft vom WIESENECK, die mir freundlichst mit Unterkunft halfen,

- dem Wirt der KÜMMELSCHÄNKE, der mich frei in Dresden beherbergte,

- Frau Heide Hokenmaier, die mich mit Material zur Lehre Rudolf Steiners und zur Firmenphilosophie der WELEDA AG unterstützte,

- der Prorektorin für künstlerische Praxis der PALUCCA-SCHULE, Frau Prof. Hanne Wandke,
- dem Schauspieler Thomas Hailer aus Berlin, der viele Jahre Gast bei Ilse Ebel war,
- dem Autor Michael Baade für sachkundige Hinweise zur ehemaligen Künstlerschaft der Insel,
- Frau Maria Kreher, Frau Bergrätin und Sekretärin von Palucca,
- Frau Maya Löffler, Inhaberin des FOTOSTUDIOs LÖFFLER in Vitte,
- Frau Renate Seydel, Inhaberin der Buchhandlung KORALLE in Vitte,
- Frau Dr. Sabine Comberg und Frau Heidi Dubberstein-Tischler,
- dem Rechtsanwalt Michael Friedrich, der mich rechtlich beriet und unterstützte
- Johanna vom Stein, die mich in die Tiefen des Verschenkens einwies,
- dem Design-Produzenten Jörg Bochmann von 3DeSIGN, der die Dokumente gescannt hat,
- Jana Herter, die liebe- und schwungvoll den Text korrigierte,
- Jörg Schröder, der mich bekochte und mit Zigaretten, Rosen und Kritik bedachte,
- der Autorin Gudrun Perovic, die vielfältigst meinen Mut pflegte,
- meiner Tochter Josephine, die das Schulhofgedicht entschlüsselte,
- meiner Mama, die während der Arbeit am Buch auf mich in vielen Dingen verzichtete,
- der schwarzen Katze Maria, die geduldig schnurrend mit mir die Nächte am Rechner verbracht hat, und zum Schluß noch
- Jürgen Czytrich, für die letzten bittersüßen Wortreibungen.

Fotonachweis:

S. 175 Hansjoachim Mahret, Berlin-Lübars
S. 75, 76 und hintere Umschlagseite Eckhardt Mildner, Oberschöna
S. 177, 178, 179, 180 Beate Nelken, Berlin

Die Autorin:

Saskia Thomas, 1960 in Berlin geboren, Arbeit auf dem Lande, Studium der Kultur- und Kunstwissenschaften an der Humboldt-Universität, Autorin, Darstellerin und Theatertrainerin in Berlin. Puppenbauwerkstatt am Rande der Stadt.
www.saskiathomas.de